香月経五郎と三郎の美学

―副島種臣・江藤新平の憂国の志を継ぐ―

田頭信博

鳥影社

香月経五郎と三郎の美学

——副島種臣・江藤新平の憂国の志を継ぐ——

目次

香月経五郎と三郎の美学

―副島種臣・江藤新平の憂国の志を継ぐ―

はじめに

米国・ラトガーズ大学、英国・オックスフォード大学に学び、明治六年十二月二十九日に帰国して半年足らず、満二十五歳一ヵ月で刑死した香月経五郎（かつきけいごろう）のことを知ったのは、私が大学四年の時である。司馬遼太郎の『歳月』という小説による。征韓論に敗れ、下野した政府高官・江藤新平を主人公としたものである。

同じ頃、やはり司馬遼太郎の『坂の上の雲』で二〇三高地攻略の激戦を息を呑みながら読んだが、この時の聯隊長（れんたいちょう）・香月三郎が経五郎の十三歳下の弟だとは知らなかった。

社会人になり、香月三郎の曾孫・香月康伸氏との知己を得て、香月経五郎と弟・三郎に関する資料を提供していただいた。三郎の孫・香月孝氏とその義兄・曾野豪夫（そのたけお）氏との共著、『香月經五郎の無念』を含めた貴重な資料の数々である。

さらに新たな資料はないかと、図書館で探してみたが、経五郎に関しての新発見はなかった。親族の方からいただいた資料が、現在日本で手に入る香月経五郎に関する資料のほぼすべてのように思える。

香月経五郎は、佐賀の乱で江藤新平・島義勇（よしたけ）に次ぐ首魁（しゅかい）の一人として処刑された。そのため、香月家にあった書類や家系図を含む古い資料は数回にわたりすべて警察に没収されたので、まったく残っていない。

香月経五郎と一緒に佐賀の弘道館（こうどうかん）、長崎の致遠館（ちえんかん）、東京の大学南校、ラトガーズ大学、オックスフォード大学で学んだ学友の中には、後年日本史に名を残した人物は多い。しかし、国事犯として刑死した香月経五郎について語った友人は少ない。そうした中、伯爵・伊東巳代治の証言は数少ない例外であり、その俠気（おとこぎ）に感激する。

香月経五郎の伝記を書きたいと思い執筆をはじめたのだが、その資料の少なさに戸惑った。しからば他の方法で調査する必要があると考えた。佐賀・長崎・東京・アメリカ・イギリスと経五郎の修業の跡をたどり、彼が影響を受けた人々、似た環境で勉強した人々のことを調べ、経五郎がどのような気持ちで毎日を生きていたかを知ろうと思った。

このような手法ゆえ、香月経五郎以外の人々にページを費やし、同時に、当時の政治状況について多くの紙面を割くことになるかと思う。ひとえに、「香月経五郎の心」に触れたいがためである。

この原稿の下書きをほぼ終えた頃、よもや二十一世紀の今日にこのような戦争が勃発するとは、と誰もが思ったことが目の前で起こった。二〇二二年二月二十四日の、ロシアによるウクライナへの軍事侵攻である。

自国より軍事的に弱い隣国に攻め入り、領土を奪い取ろうとしている。略奪した穀物を自国に持ち帰り、一部を第三国に輸出しようとしている。また、ウクライナ南東部のマリウポリで略奪した金属二七〇〇トンを自国の船に積み込み海路ロシアに向かっている、とロイター通信は伝えている。

まるで千年前のできごとを見ている思いがする。

香月経五郎の伝記を推敲(すいこう)していて、そして今回のロシアのウクライナ侵攻に直面し、筆者の頭の中に五十年前の記憶がよみがえってきた。

広島県の田舎から東京に来て成蹊大学に入学してまもなくの頃と記憶するが、それが大学の授業なのか、何かの講演会で聞いたのかは定かではない。ただ、大変印象に残った話であるので、ハッキリと覚えている。次のような話だ。

「日本史は欧州史に似ている。日本には鎌倉時代がある。日本人はこのことを誇ってよい。じつは、欧州にも鎌倉時代があった。時を同じくして、日本と欧州にだけ本物の封建時代が生まれた。〝周の封建制度〟という言葉を高校時代に教わったかもしれないが、これはニセモノの封建制度だ。無視してよい。

この時代の精神を日本では武士道、欧州では騎士道という。これは単に、武術を磨き戦(いくさ)に勝つことだけを重視したものではない。

勇敢で名誉を重んじ約束は守る。弱い者いじめをするのは恥とする精神である。

鎌倉武士の〝名こそ惜しけれ〟が、武士道の根本精神である。

〝関東御成敗式目〟は一二三二年に制定され、〝マグナカルタ（大憲章）〟は一二一五年に発布された。前者は鎌倉幕府が御家人に示した道徳・道理・法令の規範であり、後者はイングランド王と貴族や有力市民との約束ごとである。二つは同じ意図のものではないが、これによって、〝約束ごとはお互いに守らなくてはいけない〟という精神文化が、日本と欧州にだけ芽生えた」

鎌倉時代に入り、武士による政権が誕生しその政治が関東を中心に行われた。

その時武士の主従関係を構成したのが、「封建制度」である。つまり、「御恩と奉公」という概念ができあがった。主人が従者に与えた利益（領地）を御恩といい、従者が主人に与えた利益（納税と主人のために戦うこと）を奉公といった。

この両者の関係は、互恵的（ごけいてき）なものである。一方だけが利益を得る、古代の片務的（へんむてき）・専制的な関係ではなかったということである。

ここに、中世という時代が誕生し、「約束」という相互利益の関係が成り立つことになった。そして、この「約束を守る」・「名こそ惜しけれ」の精神は、現在でも日本人の倫理として根づいている。


大航海時代以降、欧州の海洋大国であるポルトガル・スペイン・オランダ・イギリス・フランスなどは、南北アメリカ大陸・アフリカ大陸・インドを含むアジアのほぼ全域を植民地として支配していった。

植民地とされた国々は屈辱であったであろうが、唯一良かったことは、この「約束を守らないのは恥」という精神文化を身につけたことである。このような歴史的背景の中に、現在の世界秩序がある。

ところが、この「約束を守らないのは恥」とする精神を持たない国が世界に三つある。ロシア・中国・朝鮮（南北共）である。これらの国に共通していることは、その国の歴史に鎌倉時代がないということである。すなわち、この三国は古代のままの考えで現代に至った。現在でもこの三国の政治家トップの意識は皇帝であり、絶対的権力者である。トップが悪いというだけの問題ではない。大きな問題は、国民の大部分がこれを是としていることである。状況が変われば、以前に交わした約束は反故にしてもかまわないとの考えである。おそらく、今後百年、二百年経っても、この三国の国民の意識は変化しないように思える。

五十年前の先生は、次のようにも話されたと記憶する。

「第二次大戦では、日本はアメリカ・イギリス・オランダなどを相手に戦争して敗北した。この戦争は互いの覇権を争った同じ土俵での戦いであった。よって、勝敗が決したあとは、互いが理解し合い仲良くなることもできる。ところが、ロシア・中国・朝鮮半島の国を相手にする場合、この三国の人々の精神は古代なので互いの土俵はまったく異なる。

海を隔てているとはいえ、日本はこの三国すべてと国境を接している。従って嫌でもつきあいを続けねばならない。

ここに、日本という国の舵取りのむずかしさがある」

右の話と香月経五郎の伝記とは、関連性がないように思えるかもしれない。しかし、そうとは言い切れない。

後述するが、日本人の心に江戸時代中期以降に芽生え、文久年間（一八六一〜六四）にピークに達した「攘夷（じょうい）思想」は、ロシアの南下政策の結果生まれたものであるからだ。

香月経五郎・三郎兄弟を含め、当時の若者たちのことを調べていて、そして今回のロシアのウクライナ侵攻を見て、こう思った。

当時の日本人すべてが、ロシアという国の異常さと残虐さに危機感を覚え、ロシアの侵攻からいかにして日本を守るかを、日夜考えていたのではあるまいかと。

このように考察してみたものの、困ったことが発生した。これらのことに矛盾する記憶がよみがえったからである。

それは、ロシア人・中国人・朝鮮人の中に素晴らしい人が多数いるという事実である。

私はロシア人の友人は持たない。しかし、師事してきた故鮫島豪太郎氏（海軍兵学校七十三期首席・海軍中尉。東大法学部卒・三菱重工役員。二〇〇五年没）が、酒を飲みながら語ってくださった話が想起される。冬のカスピ海沿岸を一人旅した時、ロシア人のけたはずれの親切を何度も体験し感激したという話である。

また、中国人・韓国人については、私自身、仕事を通して多くの知己を得た。そして彼らの能力・魅力・立派な人柄を理解している。今でも交流が続いている友人もいる。

司馬遷の『史記』や陶淵明・蘇軾（そしょく）の漢詩を読み、中国という国がいかに多くの魅力ある人物を輩出してきたかを私は知っている。また、孔子・孟子・老子・荘子からは多大な影響を受けた。また、ツルゲーネフやトルストイの物語を読み、ロシア民謡を聴くにつけ、ロシア人の愛すべき国民性に好感を持つ。

これほど素晴らしい人たちが多いこの三つの国が、国家となると約束を守らない国と、世界中から嫌われている。理由はどこにあるのか。この矛盾を不思議に思いながら、この小文を書きすすめてきた。

そして、次のように考えるに至った。

ただ一つ。ロシア・中国・朝鮮には鎌倉時代がなかった。これがその理由ではあるまいかと。

一、香月経五郎略伝

（一）嘉永二年（一八四九）佐賀藩士・香月三之允の長子として佐賀に生まれる。
慶応元年（一八六五）、満十六歳で藩校・弘道館に学ぶ。

（二）慶応三年、満十八歳のとき、佐賀藩の英学学校である長崎の致遠館に学ぶ。グイド・フルベッキより英学を学び、短期間で頭角をあらわす。

（三）明治二年四月、フルベッキは開成学校（東京大学の前身）の教授に迎えられる。経五郎もほぼ同時期に上京し、開成学校に入学する。この学校は明治二年十二月に大学南校と名称が変わる。同年の十一月に江藤新平が太政官の「中弁」という役職に就き、佐賀より上京する。香月経五郎は山中一郎を含めた佐賀藩の何名かの俊英とともに、江藤新平宅に寄宿して学校に通う。

（四）明治三年、満二十一歳のとき、江藤新平と大学南校舎長・丹羽龍之助の推薦により、第一回国費留学生に選ばれアメリカに出発する。

（五）渡米後、ニュージャージー州のラトガーズ大学に入学する。その後経五郎は、明治五年二月に岩倉具視全権に同行してワシントンDC入りした元佐賀藩主・鍋島直大（なべしまなおひろ）の世話係に抜擢（ばってき）される。同時に岩倉大使一行のため各種の斡旋（あっせん）の労をとり、その処置がきわめて適切であったとして、岩倉大使に称揚される。

（六）明治五年八月、鍋島直大に随行して英国に渡り、オックスフォード大学経済学部に学ぶ。直大は同大学の文学部で学んでいる。明治六年十二月二十九日、経五郎横浜に帰国。

（七）帰国早々の明治七年一月十三日、江藤新平に同調し前年九月に独仏留学から帰国した山中一郎等と共に佐賀に向かう。

一月二十二日伊万里に上陸し、香月経五郎はすぐに佐賀に向い佐賀県中属に就任した。江藤新平は近くの嬉野(うれしの)温泉に宿を取り、経五郎からの佐賀の状況報告を待つことにした。一月二十五日、江藤新平も佐賀に入った。二月十五日、、政府追討軍が突如佐賀城に入るや、征韓党の同志とともに憂国党と呼応して兵を挙げる。

事破れてのち、江藤新平・山中一郎等とともに、薩摩・日向を経由して四国の宇和島に上陸す。三月二十三日、四国の高知城外種崎(たねざき)村（現高知市種崎）にて縛(ばく)に就き佐賀に送られる。

四月十三日、除族(じょぞく)（士族の籍を剝奪(はくだつ)）の上、斬(ざん)に処される。

満二十五歳と一ヵ月であった。

二、佐賀・弘道館と長崎・致遠館

香月経五郎の生年は一八四九年で、筆者は一九四八年の生まれだから九十九歳の先輩となり、決して大昔の人ではない。生まれ月は記録に見えないが、明治七年四月十三日の刑死する直前の辞世に、二十五歳一ヵ月と自筆していることから三月生まれと判断した。

米欧にあしかけ四年学んだ経五郎は、当時一般的であったかぞえ年ではなく欧米流に満年齢で表記している。よって本稿でも経五郎の意を汲んで、他の人物を含めできるかぎり満年齢で書きたい。

経五郎の次弟は幼児のとき他家に養子に出ており、十三歳下に三弟・三郎がいる。親族の方の著書に、「なぜ長男が経五郎という名前かは不明」とある。当時の人名のつけかたのいくつかの例から推測して、筆者は次のように考える。

香月経五郎の実家跡　この左が大木喬任の家（筆者撮影）

本人の祖父・曾祖父・それ以前のご先祖の中に、名前に「経」、「五郎」の文字の付く立派な人物がいたのではあるまいか。二人の偉大なご先祖の名をもらって一人の人物の名にするという例は、この当時いくつも見られる。

経五郎が生まれた場所は当時の佐賀郡川副郷早津江村（現在の川副町早津江）で、少年時代を過ごしたのは佐賀城すぐそばの水ヶ江である。早津江は佐賀城の東南約六キロに位置し、筑後川の分かれになる早津江川の下流にある。ここは佐賀藩の外港にあたる重要な港町で、江戸時代のはじめ頃から人口も多く、佐賀藩の代官所が置かれていた。父の三之允がこの地で勤務していたからか、あるいは母のユウの実家がここに住む武家で、母が実家で出産したのかは不明である。

少年時代を送った水ヶ江の家は、佐賀城の南東一〇〇メートルに位置する。「水路沿いに家宅があり、城中から触れ太鼓が鳴るとただちに小舟で登城した。隣家は大木喬任（たかとう）の家であった」と家伝にあると聞き、強い興味を持った。令和四年四月二十三日に現場を訪問した。

たしかにそのとおりで、大木喬任の実家跡は「大木公園」という公園になっていた。香月、大木の家から北北東二〇〇メートルの場所に「大隈重信旧宅跡」があった。

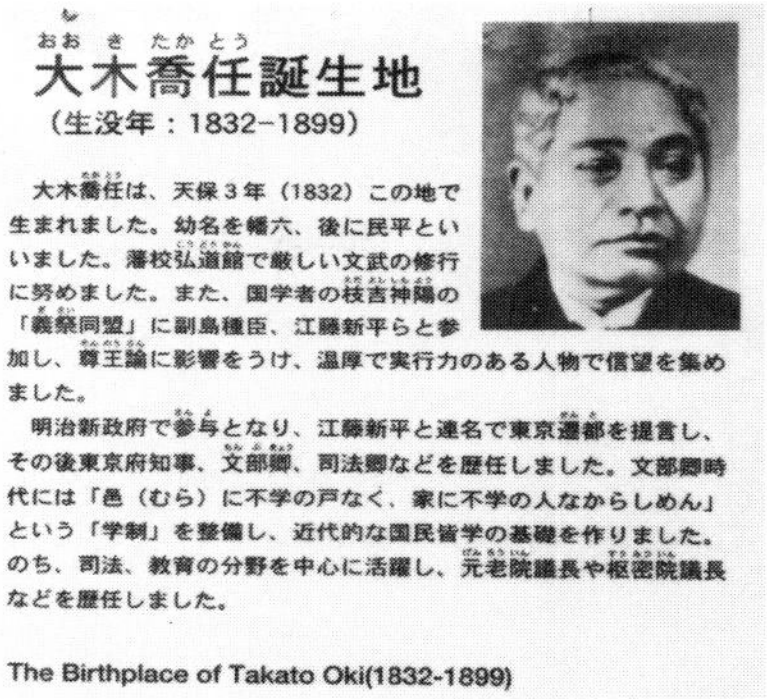

大木喬任誕生地
（生没年：1832−1899）

大木喬任は、天保３年（1832）この地で生まれました。幼名を幡六、後に民平といいました。藩校弘道館で厳しい文武の修行に努めました。また、国学者の枝吉神陽の「義祭同盟」に副島種臣、江藤新平らと参加し、尊王論に影響をうけ、温厚で実行力のある人物で信望を集めました。

明治新政府で参与となり、江藤新平と連名で東京遷都を提言し、その後東京府知事、文部卿、司法卿などを歴任しました。文部卿時代には「邑（むら）に不学の戸なく、家に不学の人なからしめん」という「学制」を整備し、近代的な国民皆学の基礎を作りました。のち、司法、教育の分野を中心に活躍し、元老院議長や枢密院議長などを歴任しました。

The Birthplace of Takato Oki(1832-1899)

大木公園内にある大木喬任誕生地の案内板（筆者撮影）

香月の家から佐賀城の東本丸橋まで一〇〇メートルほどなので、太鼓の音もよく聞こえたであろうし、小舟での登城時間も五分か十分ぐらいであったろう。

同じく家伝に、「近所の大隈重信が毎日のように香月の家に遊びにきていた」とあるそうだ。香月経五郎から見て、大木喬任は十七歳、大隈重信は十一歳年長である。たとえば、日米修好通商条約が調印された安政五年（一八五八）に、二十歳の大隈が二十六歳の大木をその自宅に訪問したとすれば、香月経五郎はその時九歳である。経五郎を目当てに大隈が遊びにきたというより、大木を訪問して隣の家の九歳の少年経五郎を可愛がったと考えるのが自然な気がする。

もしかしたら、経五郎の両親が息子への良い感化を期待して、当時枝吉神陽（しんよう）の門下で俊才との評判のあった大隈の来訪を歓迎して、もてなしをしていたのかもしれない。

さらに想像をめぐらせば、父の三之允という人物が識見高く、大木や大隈が指導を受けていた可能性も感じる。

康伸氏と一緒に香月家の菩提（ぼだい）寺・極楽寺（ごくらくじ）をお参りして、過去帳やお寺の記録を見せていただいて驚いた。経五郎が十三歳のとき父三之允が亡くなり、その半年後に祖父の又六が亡くなっている。末っ子の三郎が生まれた直後である。想像するに、香月経五郎を香月家の跡取りとすべく藩に書類を提出したのは、死を間際にした祖父・香月又六であったように思う。

園田日吉著『江藤新平伝』の香月経五郎の項に次のようにある。

「幼い頃の香月経五郎は愚鈍のため、みんなから馬鹿（佐賀の方言でフーケモン）といわれたが、弘道館に学んだ頃からめきめきと秀才ぶりを発揮した」

思うに、今まで両親と祖父の愛情につつまれて恵まれた生活をしていた少年が、突然父と祖父を失った。同時に弟が誕生した。香月家の当主になった自分を意識して、発奮努力した結果だと考える。

「慶応元年、満十六歳で藩校弘道館に学ぶ」と記録にある。現在だと高校入学の年齢にあたる。全国の藩校の多くは江戸時代末期になると、現在の小学校・中学校課程をもその中に設置していた。これを「外生」と呼ぶ。この外生時代の教育を近所の漢学塾・国学塾で学び、十五、六歳で藩校の高等科である「内生」に入学する者も多くいた。経五郎は、弘道館には高等科から入学したように思われる。

「弘道館で文武両道に励みながら、副島種臣・江藤新平などの薫陶を受ける」と多くの香月経五郎伝にある。

香月経五郎は江藤新平の家に寄宿して大学南校に通い、留学から帰国直後、江藤と共に佐賀の乱に巻き込まれて刑死したので、江藤新平の直系の子分と見られている。それは事実であるが、江藤と同じくらいあるいはそれ以上に、副島の学識・人物の風韻に魅了されていたように思える。

筆者が中学生の時、「江藤新平・大隈重信・副島種臣・大木喬任」の名前は歴史の授業で教わった。それ以来、「この四人は同格ぐらいの偉人」との認識でいた。今回、当時の佐賀藩の歴史を調べてみて、年齢的にも周辺に与えた影響力の大きさからしても、「副島種臣という人が群を抜いた人物」であることを知った。

香月経五郎を知りたいがために、この副島種臣という人物について調べみてた。

文政十一年（一八二八）生まれというから、西郷隆盛とおない年である。江藤新平より六歳、大隈重信より十歳年長で、明治維新の時は四十歳であった。藩校・弘道館の教諭の家系に生まれている。経五郎が十六歳で弘道館の高等科に入学した時、副島は三十六歳である。当時の副島は東奔西走（とうほんせいそう）の毎日で、どの程度弘道館で教鞭をとっていたかよくわからない。経五郎はひんぱんに副島の謦咳（けいがい）に接しているが、弘道館ではなく副島が兄・神陽から引き継いだ私塾においてであったと思える。

副島種臣は枝吉忠左衛門の次男に生まれ、三十二歳のとき佐賀藩士・副島利忠の養子になっている。実父・忠左衛門、実兄・神陽ともに弘道館の教諭で、国学の大家として弘道館を仕切っていた。実兄・枝吉神陽は江戸の昌平黌（しょうへいこう）に留学して舎長となり、佐賀にもどり弘道館教諭と同時に、私塾を開き、佐賀の若者を教育した。

この人のことを「佐賀の吉田松陰」という人もいる。この神陽と面談したことのある八歳年少の吉田松陰は、自身の書きものの中に「肥前の枝吉神陽は奇男子と存じ奉り候」と記述している。

「奇男子」とは他に見ないすぐれた人物という意味である。

大木喬任・江藤新平・大隈重信・山口尚芳（ますか）・久米邦武（くにたけ）などはこの時代の神陽の弟子である。副島種臣自身も弘道館の教諭になり、兄の神陽が四十歳のときコレラで死ぬと、兄の残した門弟の尊敬を一身に集めている。

よって、大木・江藤・大隈から見たら、副島種臣という人は、同志というよりも、先生もしくは大先輩という存在である。

慶応年間に入り、佐賀藩の洋学の藩校ともいえる蕃学稽古所（ばんがくけいこしょ）（のちの致遠館）が長崎に開校する。この時、副島が校長、フルベッキが教頭に就任している。この学校の創立には大隈重信が深く関与していた。本来なら大隈が校長になるのが自然なのだが、当時大隈には「洋学派」のレッテルが貼られており、藩内の攘夷派による敵視があり暗殺の危険もあった。そこで大隈は副島に頼み込んで、この学校の校長を引き受けてもらった。これからしても、当時副島が、佐賀藩の攘夷派・洋学派（あとで述べるが小攘夷派・大攘夷派と言ってもよい）の双方から尊敬を受けていたことがわかる。

後世の人が副島のことを、

「教育者、政治家、外交官、書家、文人、漢詩人、大陸浪人」と評しているのは興味深い。西郷隆盛・大久保利通・木戸孝允も、副島種臣に対しては襟を正して緊張した態度で接している。特に大隈重信を小僧扱いした西郷は、副島にはとても慇懃に対応している。薩摩人とのあいだで副島のことが話題に出ると、西郷は「副島先生」と態度を改めたといわれる。人物としての重みがあったようである。

「日本最初の大陸浪人」と当時の人が副島を評したのは、李鴻章との友情に端を発することらしい。

明治六年三月、副島は外務卿として清国におもむき李鴻章と交渉を重ね、北京で皇帝に拝謁した。それまでは清国側の尊大さにより、欧米列強の北京駐在公使たちは一人として皇帝に拝謁できなかった。

副島が皇帝への拝謁を要請した時も、清国側は、「皇帝が外臣に謁を賜るという先例がない」と断った。これに対して副島種臣は、「自分は漢書一万五千巻を読んだ。〝書経の舜典〟に先例があるではないか」と食いさがり、李鴻章以下の清国高官を狼狽させた。

征韓論で野に下ったあと、副島は自宅を売却した金で明治九年から約二年間中国全土を漫遊している。「副島ほど漢学に造詣が深い人物は清国人の中にもいない」と副島に惚れ込んでいた李鴻章が、「阿倍仲麻呂の先例がある。清国が大臣のポストを用意するので我が国で働いてもらえないか」と要請したが、副島はこれを断っている。

「大陸浪人」の呼び名の由来はこのあたりにあるらしい。明治大正時代のジャーナリスト・政治家の福本日南は、副島のことを次のように語っている。

「政治家にして副島ほどの教養人は、日本史上菅原道真がいるのみだ。いま孔子の家へあがって、孔子と語り合ってすこしも違和感がないのは、中国の知識人をふくめて副島さんぐらいのものだろう」

香月経五郎にとって、長崎時代の重要人物はグイド・フルベッキである。オランダ系アメリカ人で佐賀藩と縁(ゆかり)の深いこの人は、長崎・致遠館だけでなく、経五郎の大学南校・ラトガーズ大学での学生生活にも大きな役割をはたしている。よって、フルベッキについては少し詳しく紹介したい。

一八三〇年オランダ・ユトレヒト州に生まれる、とあるから十八歳の経五郎が長崎で会ったときは三十七歳である。二十代のはじめにアメリカに移民して牧師になる。上海を経由して長崎に上陸したのは安政六年（一八五九）だ。

前年に日米修好通商条約が締結されており、外交官・貿易商の来日は増えていた。

牧師の入国も許されていたが、日本でのキリスト教の布教は禁止されたままであった。よって来日した牧師の多くは、語学・医学・化学・物理などを日本人に教えていた。

来日早々のフルベッキが宿泊したのは、長崎の崇福寺（そうふくじ）という寺である。この寺で先に生活していた一人がチャニング・ウィリアムズというアメリカ人牧師で、この人はのちに立教大学を創立している。

布教活動ができないフルベッキは、細々と英学教授の私塾をはじめる。一八六〇年春、幕府の通詞二人・薩摩藩士二人がフルベッキから英語を教わったと記録にある。その一人が当時十八歳の大山巌（いわお）であるが、学習期間は短かったようだ。よって、経五郎からみて大山巌は、同門の兄弟子となる。

文久二年（一八六二）、佐賀藩家老の村田若狭という一万余石の大官が、若者三人を連れて聖書研究の目的でフルベッキを訪問している。この人は、慶応二年五月、フルベッキから洗礼を受けキリスト教徒になったという。

歴史的に、キリスト教の影響を強く受けた土地柄の興味深いエピソードである。

日本に住む外国人にとって、文久年間（一八六一〜六四）は常に暗殺を怖れていた時代といえる。文久二年には神奈川での生麦事件、品川での英国公使館焼打ち事件、三年には第一次下関戦争・薩英戦争と、日本全土で攘夷派による外国人暗殺や外国艦船攻撃の嵐が吹きまくった。この頃「ローニン（浪人）」という言葉が、外国人のあいだで「恐怖の暗殺者」の意味で使われている。

幕府の勧めにより、フルベッキは文久三年（一八六三）四月に家族とともに「長崎出島」に避難し、五月には上海に移っている。がしかし、同年の十月には長崎にもどっている。上海での物価高・伝染病・気候の悪さが理由であったようだ。

長崎英語伝習所（済美館）跡
（筆者撮影）

翌年の元治元年（一八六四）六月、長崎奉行所はフルベッキを長崎語学所（のち済美館と改称）の英学教師に招く。安政五年（一八五八）に英語伝習所として幕府が開設したこの学校は、当初は英語のみを教えていたが、その後オランダ語が加わった。慶応元年には、フランス語・ドイツ語・ロシア語・中国語が加わり、同時に語学だけでなく、歴史・地理・数学・物理・経済学の教授をおこなっている。

フルベッキが教師に就任したとき、満七歳でこの学校に入門するのが伊東巳代治である。伊東巳代治は、伊藤博文の側近として日清戦争の勝利や明治憲法起草などに多大の貢献をして、伯爵・従一位と、位人臣を極めた明治・大正期の政界の実力者である。

香月経五郎が少年期の伊東を可愛がったという話は、あとで述べる。

この年、元治元年八月には、フルベッキは長崎のアメリカ領事フレンチと共に佐賀藩から招待され、藩首脳との交歓や弘道館見学をし、嬉野温泉で丁重な接待を受けている。そしてこののち、副島種臣・大隈重信は、直接フルベッキの指導を受けることになる。

「私は二人の有望な生徒をもった。それは副島と大隈である。彼らは新約聖書の大部分を研究し、アメリカ憲法の大体を学んだ」とフルベッキの日誌に見える。

一方、江藤新平はこの頃どうしていたのか？　文久二年に脱藩し、京都の長州藩邸において桂小五郎・伊藤俊輔らとよしみを通じた江藤は、帰藩後あしかけ六年にわたって閉居（へいきょ）の身にあった。ただし友人知人との交流はかなり自由であったようで、香月経五郎の伝記に「弘道館時代に副島・江藤などの薫陶を受ける」とあるのは、副島を含む副島門下の人々とともに、閉居中の江藤と交流があったのだと推測される。

「王政復古の大号令」が発せられたのは、慶応三年旧暦十二月九日である。江藤新平の閉居が解けたのはこの前後というから、「二重鎖国の佐賀藩は長州藩・薩摩藩にくらべて、維新史の流れに大きく出遅れていた」といわれるのにはうなずける。


このような時代背景のなかで、佐賀藩は長崎に「蕃学稽古所」をつくる。慶応三年のことで、フルベッキが招かれた。当時フルベッキは長崎奉行所の「済美館」で教えていたが、佐賀藩はすこぶる高給で優遇した。長崎奉行所への義理もあったのであろう、その後もフルベッキは「済美館」でも指導を続けている。

佐賀藩の英語塾が「致遠館」と名称を変えるのは慶応四年である。

この蕃学稽古所に香月経五郎が入門したのは慶応三年であり、この後経五郎の英語力は急速に上達する。

明治二年（一八六九）二月十三日、外国事務局御用掛・山口尚芳(ますか)が長崎まで来て、フルベッキに新政府の最高学府である開成学校の教頭で招きたいと伝える。ちなみにこの山口は、佐賀藩士で長崎英語伝習所（済美館）でのフルベッキの教え子である。

香月経五郎本人のことにもどる。

明治・大正・昭和期に書かれた香月経五郎の伝記のほぼすべてに、気になる一節がある。

この話の出どころは、明治四十二年から四十四年にかけて黒龍会が発刊した『西南記傳』らしい。その中の「香月経五郎傳」に次のようにある。

「オックスフォード大学に在りて、経五郎は専ら経済学を研究して得る所あり。今の伊東巳代治の如きも在学中常に経五郎の指導を受けたる一人なりしと云う」

これは明らかな誤りである。

しかし、これ以降に書かれたほぼすべての香月経五郎伝にこの文章が引用されている。

経五郎が英国に滞在していた明治五年八月から六年秋にかけての時期、伊東巳代治は満十六歳で神戸にいた。「兵庫アンド大阪ヘラルド」という英国人経営の英字新聞社で働いていた。伊東は英語の達人であったが外国には留学していない。オックスフォード大学とは何の関係もない。

ではこの話は、根も葉もないつくり話かというと、そうでもないと考える。伊藤博文の側近として、首相秘書官・内閣書記官長・農商務大臣のあと枢密院のボスとなった伊東は、明治四十年に子爵となり（大正十一年に伯爵）、政界の実力者としてその存在を確かなものとしていた。

その伊東が、なにかのおり、「自分は若い時分、佐賀の香月経五郎さんにずいぶん指導していただいた」とだれかに話したのであろう。これを聞いて喜んだ佐賀の人々が、口伝えにこの話を広めたのだと考える。

その間に、政界一の英語の達人伊東とオックスフォード大学とを、だれかが誤って結びつけたのではあるまいか。伊東巳代治は、フルベッキから英学を教わっていた長崎時代のことを話したに違いない。

令和四年四月二十二日、康伸氏と長崎を訪問した。長崎県庁の近くの海沿いに五島町という町がある。佐賀藩の「致遠館」はここにあった。ここから、現在は歴史文化博物館になっている「済美館跡」まで二人で歩いてみた。少し登り坂の道の途中に信号機が三つ四つあったが、我々の足で十七、八分の距離であった。信号機のない当時、少年・青年の足なら十分程度で行き来できたと思える。

済美館（英語伝習所）と致遠館（佐賀藩）の位置関係（長崎歴史文化博物館提供）

済美館と致遠館のあいだで生徒の交流があり、香月と伊東は長崎で知りあったと考える。もしかしたら、フルベッキ自身が直接二人を引き合わせた可能性もある。慶応三年か四年のことだ。

十歳の少年ながら済美館の秀才伊東と、十八歳の致遠館のエリート香月との出合いである。英語の実力だけではすでに三年以上勉強している伊東が上だったかもしれない。しかし十八歳と十歳では大人と子供だ。香月は漢学や国学を伊東に教えて可愛がったのではあるまいか。

少年ながら英語のよくできる伊東に、「自分は開成学校で学ぶためもうすぐ長崎を去る。東京に行ったら丸善で洋書を買って送ってあげるよ」と優しく声をかけたのかもしれない。洋書店「丸善」はこの年（明治二年）一月一日に、日本橋に開店している。

さらに想像をふくらませることを許していただきたい。

フルベッキ写真
後列（立っている人物）の右から５番目、くびを傾けているのが香月経五郎といわれている

香月経五郎のアメリカ・イギリス留学は国費留学生であり、同時に前藩主・鍋島直大の援助もあり、留学中の懐はかなり豊かであったようだ。ニューヨークやロンドンから伊東に洋書を送った可能性をも感じる。

ここで横道にそれるが、有名な「フルベッキ写真」について触れておく。

この写真は致遠館の生徒・教師計四十六名の記念写真であり、明治元年か二年に撮られたものと推定されるが、後日この写真は物議を醸すことになる。

フルベッキは、文久二年（一八六二）この地でわが国最初の営業写真館「上野撮影局」を開業した上野彦馬の友人であった。よって、文久年間から済美館の生徒たちとも年一回記念写真を撮っている。だから、この写真の中に佐賀藩の生徒の香月経五郎や山中一郎が写っているのは、しごく当然である。

先日長崎を訪問したとき、この上野撮影局跡を見学したが、済美館・致遠館のいずれからも徒歩十分ぐらいで、坂本龍馬の「亀山社中」からは徒歩五、六分の場所である。

坂本龍馬が立って右手をふところに入れた写真も、高杉晋作が椅子に座って大刀を握りしめている写真もここで撮られた。

ところが昭和四十九年に、島田隆資という人がこの写真の中の二十四人を指名して、これはだれあれはだれと、雑誌『日本歴史』に発表したために話がおかしくなった。

時代的に長崎にいるはずのない副島種臣・江藤新平・大隈重信・西郷隆盛・大久保利通・五代友厚・木戸孝允・伊藤博文の名前が出ている。

さらには、すでに亡くなっている高杉晋作・坂本龍馬・中岡慎太郎の名前まで出てくると、まさに噴飯ものである。ここまでくると「フルベッキ写真」の価値を下げる。

このような無責任な「自称研究者」がいるのは困ったものである。

三、明治二年五月、岩倉・鍋島連立政権

香月経五郎の大学南校入学、官費でのアメリカ・イギリス留学などの栄光を考えるとき、明治初年の佐賀藩の政界における優位性を知る必要がある。

我々は中学・高校の日本史で、「薩・長・土・肥」という言葉を教わった。明治初年に日本の政治をリードした薩摩・長州・土佐・肥前のことである。この言葉から、薩摩と長州が主導権を握り、脇役として土佐と肥前が政府の重要ポストに就いた、と私は考えていた。今回当時のことを調べて、この認識は誤りだと知った。

明治二年から三年にかけて、岩倉具視が実質的な宰相で、鍋島直正（閑叟）が副宰相として、日本の政治を取り仕切っていたことを知ったからである。なぜこのようなことになったのか。その理由を含めて、当時の政治状況を眺めてみたい。

明治二年五月十三日時点の、日本政府の高官は次の面々であった。肩書が現在の我々にはなじ

みが薄いが、輔相を太政大臣、議定を左大臣・右大臣・大納言、参与を参議と理解すれば、明治四〜六年頃の政府高官一覧表とピタリと一致する。

○輔相（太政大臣）
　三条実美（四九票・公家）
○議定（左・右大臣、大納言）
　岩倉具視（四八票・公家）
　鍋島閑叟（三九票・元佐賀藩主）
　徳大寺実則（三六票・公家）
○参与（参議）
　大久保利通（四九票・薩摩）、木戸孝允（四二票・長州）、副島種臣（三一票・肥前）、東久世通禧（二六票・公家）、後藤象二郎（二三票・土佐）、板垣退助（二一票・土佐）

　西郷の名前がないが、この時西郷は鹿児島にいた。西郷が再び上京するのは明治四年二月で、参議・陸軍大将になるのはそののちである。

　三条・徳大寺・東久世の三公家はおかざりで、実質的な宰相は岩倉具視、副宰相は鍋島閑叟と考えてよい。この体制で十七歳の明治天皇を支えていた。薩摩・長州をさしおいて、なぜ肥前・鍋島閑叟がこのような高席に就いたのか。

キーワードは「アームストロング砲二門と二五万両の金（かね）」である。理由の一つが「佐賀藩の海軍力と武器製造能力」であり、いま一つは、「鍋島閑叟本人の能力」であったと考える。

明治二年五月のこの時点では、函館の五稜郭においてまだ戦闘が続いていた。五稜郭が落城するのは五月十八日（新暦六月二十七日）である。

一年前（慶応四年）旧暦五月十五日に、彰義隊が立てこもる上野の山への官軍の総攻撃がおこなわれた。指揮を執ったのは長州の大村益次郎である。

このとき、新政府には金（かね）がまったくなかった。由利公正（ゆりきみまさ）が、京都・二条城に京都・大阪の大商人たちを呼びつけ、「計三〇〇万両を新政府に献金せよ」と脅しつけたのはこの時である。

大村は由利からの金が届くと、横浜の外国人や日本人の武器商人から小銃や弾薬を購入していた。ところが、由利からの送金は途切れ途切れで、予定通りには届かない。

この時である。「今、佐賀藩に現金二五万両がある。この金を使え」と大隈重信が大村益次郎に差し出したのだ。もちろん、前佐賀藩主・鍋島閑叟の指示のもとである。

大村は深く感謝し、すぐに横浜の武器商人から小銃・弾薬を購入した。

この二五万両は、佐賀藩がアメリカから洋式軍艦を買うための頭金であった。スムーズな政権移行があると当初思っていた欧米列強は、上野や函館での反乱を見て、「日本は内乱状態にある」と判断した。

国際法のもとでの中立を保つ意味で、アメリカ政府は佐賀藩への大型軍艦の売却を凍結したのである。


時を同じくして、閑叟の長男の佐賀藩主・鍋島直大（二十一歳）が、日本では佐賀藩のみが保有する二門のアームストロング砲を自藩の軍艦に載せ、江戸湾に到着した。

大村益次郎は本郷台（現在の東京大学の敷地）にこの二門を配し、上野の山に立てこもる彰義隊に向け発砲を命じた。その破壊力はすさまじく、わずか半日で彰義隊は壊滅した。指揮を執ったのは大村だが、実際にこの砲に弾丸を込めて発砲したのは佐賀藩士であった。

三条実美・岩倉具視はこの時、佐賀藩すなわち鍋島閑叟に頼らなくては新政府は存続できないと考えた。

その結果、先の新政権人事となったのである。

ひと言つけ加える。

前述の人事一覧表に「票」という文字が見える。この時これらの人事は、三等官以上の役人の投票によって決められた。

慶応三年旧暦十二月九日の「王政復古の大号令」により新政府が生まれるのだが、政府上層部の人事は極端に混乱していた。自選・他選・縁故・情実で任命された結果、人員が野放図に膨張した。たとえば、「議定」だけで十八名に達した。金（かね）のない新政府に「大官」だけがふくれあがったのだ。

たまりかねた参与・大久保利通は、これを副島種臣に相談する。副島はフルベッキから教わったアメリカ合衆国大統領選挙の方式を大久保に提案し、実行に移した。

選挙という荒療治で人員を大整理して、輔相一名、議定三名、参与六名の少数精鋭体制を確立したのである。

四、大学南校・江藤新平宅に寄宿

「明治二年、経五郎は大学南校に入学」といずれの香月経五郎伝に見えるが、何月（なんがつ）かは書かれていない。「江藤新平の家に他の書生たちと一緒に寄宿して、それぞれの学校に通った」ということであるが、上京の時期は香月の方が江藤より少し早かったようである。

香月の入学の時期を探るには、フルベッキと江藤の動向を知る必要がある。

フルベッキが「開成学校」の語学・学術の教授に就任するのは、明治二年四月、三十九歳のときだ。

「開成学校」は同年十二月には「大学南校」と改称している。現在の東京大学の法・理・文学部の源流となる。

同時にフルベッキには、政府顧問という肩書も与えられている。岩倉具視・鍋島閑叟・副島・大隈らの推挙による。薩の大久保、長の木戸もフルベッキの実力と人格には感服していたので、この人事には政府高官の全員が賛成した。

明治三年七月には、大学南校の教頭になる。この時の月給は六〇〇円というから、明治四～五年の太政大臣・三条実美八〇〇円、陸軍大将・西郷隆盛六〇〇円と比べても、日本政府がいかにフルベッキに期待し厚遇していたかがわかる。

佐賀藩で権大参事（ごんのだいさんじ）（副知事もしくは幕藩体制時の家老に相当する）として藩政改革を行っていた江藤新平が、新政府の副宰相クラスの鍋島閑叟と参与・副島種臣に呼び出されて上京したのは明治二年十月二十六日である。

十一月八日、太政官の「中弁」という役職に就く。現在の我々にはなじみがないが、奈良時代からの官職でかなり高い地位である。

参議や大納言の下に位置するが、少納言の二ランク上になる。この地位の人の位階（いかい）は「正五位上」であるから、国司（県知事）より上で、軍でいうと少将に与えられる位階である。太政官に集まるすべての情報を取りまとめるという役職で、現在の「内閣官房副長官」の職務に近い。

香月経五郎の大学南校入学は、弘道館・致遠館での優秀な成績をもって、大塚安次郎・古賀護太郎と共に佐賀藩のホープとして送りこまれた。本人たちの優秀さはもちろんであるが、佐賀藩の栄光と時代に乗った勢いとが、香月たち佐賀藩士の背後にあったのは事実である。

これらから推察すると、香月経五郎の大学南校入学は、明治二年四月から秋にかけてのいずれかの月であろう。

経五郎がアメリカに向かって横浜を出港するのは明治三年十月二十九日であるから、大学南校に在学したのは一年程度となる。

「大学南校（現在の東京大学）に学ぶ」と書くと、恵まれた環境でのキャンパスライフを想像するが、事実はまったくそうではない。当時の大学南校は大混乱の真っ只中にあり、実状は次のようであった。


明治二年八月十五日、新政府は徳川幕府の最高教育機関「昌平黌」を「大学校」と名称を変え、神典・国典・漢学を教える学校とした。同時に、後日の文部省が行うことになる文部行政を行う行政機関の役目も、この「大学校」に与えた。

洋学教育として明治二年一月に「開成学校」を設立した。いま一つ、それ以前から「医学校」はあった。

「大学校」が開校されて早々、国学派と漢学派によるすさまじい権力闘争がはじまる。岩倉具視は、幕末から維新にかけての王政復古の精神的ブレーンであった平田鉄胤（かねたね）（平田篤胤（あつたね）の養子）を、京都から東京に呼び大学校に迎えた。この時太政官が出した辞令は、「従六位平朝臣鐵胤（たいらのあそんかねたね）　任大學大博士」とあり、なんとものものしい。

平田学派は、いわば「尊王攘夷の総本山」である。王政復古のかけ声とともに、太政官と並び神祇官が復活した。

こうなると「大学校」において、神官出身者など国学派の鼻息がすこぶる荒くなり、漢学授業の廃止を主張するようになる。これに対して漢学派の教官が猛反発し、学生を巻き込んでの大騒ぎに発展する。

そこで政府は、明治二年十二月、大学校を「大学」、開成学校を「大学南校」、医学校を「大学東校」と改名し、三校を同格として一体化して運営することにした。

ところが、翌明治三年五月、またも紛争が再燃する。今度は「大学」の国学派と漢学派が手を握り学生を抱き込んで、「大学南校」の洋学派を排撃しはじめたのである。幕末四賢侯の一人といわれた松平春嶽が三校を統率する立場にいたが、万策尽きて辞表を提出した。

明治三年七月には「大学」の授業は打ち切られ、「大学南校」と「大学東校」の二つが残った。これにより文部行政を司る役所が必要となり、明治四年七月に「文部省」が設立される。これを初代文部大輔（文部卿欠員の為最高責任者）として短期間で大綱を定め、文部省の基礎をつくったのが江藤新平であり、その後初代の文部卿に就任するのが大木喬任である。香月経五郎から見たら、両人とも実家のすぐそばの先輩である。

香月経五郎が大学南校で学んだ一年間は、このような大混乱の真っ只中であった。


脇道にそれるが、興味深いエピソードを紹介したい。明治新政府は大勢の外国人教師を招聘（しょうへい）している。そして、当時の外国人教師の多くは、「ローニン（浪人）」の暗殺に日々おびえていた。これはあながち、ローニンだけがけしからぬ、とは言えない。ふしだらな外国人教師が大学南校にもいたらしい。ダラース、リング事件について簡単に紹介する。


明治三年の、おそらく一月か二月の話である。ダラースとリングは共に大学南校の教師であったが、ある晩複数のローニンに斬りつけられ、共に重傷を負った。この二人の外国人は日本人の妾を囲っていた。二人は官舎に住み、それぞれの部屋に大学南校の男性職員が語学学習のため同居していた。この日本人職員が妾の周旋（しゅうせん）をしたり、泊まりに行く時同行していた。

やがて斬りつけた犯人が捕まった。彼の言い分は、「皇国の婦人を夷狄（いてき）が引っ張っていくのが不都合だと思ったから斬りつけた」ということであった。

お雇い外国人教師のなかには、フルベッキのような高潔な人格者もいたが、このような教師もいたのである。

このときの犯人は、一応「ローニン」ということになっているが、実際は「大学」もしくは「大学南校」に関わりのある人物もいた、とうわさされた。

このダラース、リング事件に遭遇し、斬られた二人を介護した一人が高橋是清である。

この事件は香月経五郎と直接関係ないが、経五郎も二人のアメリカ人や高橋是清に英学を教わったであろうし、あるいはこの時、見舞いや介護の手伝いをした可能性がある。

よって少し長くなるが、香月経五郎の当時の日常生活を感じる意味で、この高橋是清の証言を紹介したい。

この話は、他の書によると「二人は日本人女性を妾として囲っていた不良外人」として扱われているが、高橋は「それなりに立派な人物であった」と言っている。

「日本で徳川幕府が倒れ新政府ができた」とサンフランシスコで聞いた、高橋たち四人の仙台藩出身の少年留学生たちは、あわてて帰国した。横浜に着いたのは慶応四年（明治元年）十二月で、このとき高橋是清十四歳である。仙台藩は賊軍となっており、同時に攘夷派の連中が異国帰りを目のかたきにしており、身の安全が危うい状態であった。

仲間の一條と鈴木の二人は、前年森有礼が帰国前にサンフランシスコを通過した時に一面識があった。「森さんを頼ろう」という話になり、皆は森有礼の家に居候することになった。高橋は自伝で次のように語っている。

「当時森有礼さんは西洋から帰って朝廷の役人となり、外国官権判事に任ぜられ、神田錦町に住んでおられた。森さんは当時二十三歳、まだ独身で生活も極めて簡素であった。家には、会計係として岸田吟香の甥で十八、九の若者とほかには飯炊き夫婦がいるばかりだった。先生は朝起きると自分で雨戸を開けて、食事も書生らと一緒に食べられた。始め、先生のお菜だけは別に作っていたが、森さんが、そんな区別をしてはいかぬ書生らと一緒のおかずにせよと命じられたので、その後はそうなった」

森有礼は、「自分は忙しいから一番覚えの良い者一人だけに教える」と言い、たまたま最年少の高橋が選ばれた。こうして、森から教わったことを半年間ほど高橋が年長の数人の書生に教えていた。

明治二年一月、開成学校ができ、そののち森有礼は実質的な駐米公使としてアメリカに赴任することになる。

「もう俺が教えなくてもよい。開成学校に入ってそこで学べ、と森先生が言われたので、我々は直ちにその手続きをした」

ところが、全員英語が読めて話せることが学校側に知られ、「三人とも開成学校の教官三等手伝い、という辞令をもらった」と高橋は言う。

いかにも明治の開明期らしいおおらかで愉快な話である。ということは、ダラース、リングの二人と高橋是清は開成学校の教師仲間ということになる。二十歳の香月経五郎が、十五、六歳の高橋から英学を教わった可能性は高い。ダラース、リング事件について、高橋は次のように述べている。

「明治三年ごろであったと思う。大学南校でダラース、リング事件というものがあった。ダラースという人は横浜の商人であったが、家柄の良い生まれでなんでもお祖父さんか何かが、米国の副大統領であったと聞いていた。至極上品ないい人であった。キャプテン・リングは、以前上海にいて、この二人は相当に教育のある人だった。

当時、大学南校の前に原っぱがあり、外国人教師の官舎はその中に別々に建っていた。ダラースの家には南校の教員をしていた深沢要橋(ようきつ)という人が、リングの家には小泉敦(あつし)という教員が、それぞれ同居していた。語学の稽古をするためである。

ところが、この二人の外国人はいつの間にか妾を囲うことを覚えた。もちろん官舎に引き入れることは出来ないから、時々妾宅に泊まりに行く。二人の日本人教員はその周旋をしたり、泊まりに行く時同行していた。

ある時、フルベッキ先生邸の私の部屋に、若い教員連中が集まって、歴史の回読をしていた。そのとき小泉が飛び込んで来て、須田町の附近でダラースとリングの両先生が斬られて、二人とも大通りの紙屋で手当を受けていると知らせた。一同は大いに驚き、早速現場に駆けつけた。いずれもうしろから斬られたもので、リングは背中に一太刀(ひとたち)、ダラースは背中と肩先に二太刀浴びせられている。店先には血の塊りが落ちている。

すでに近所の医者がやって来て傷口を洗い縫ったところであった。町医者だから、まず焼酎で傷口を洗って、それから縫う前に一升ばかりの酒を飲んでいて、縫った手がふるえていた。町医者の縫ったのがいかにもひどいから、大学東校（東大医学部の前身）の医者が来ると、それらを縫いなおした。

部屋を暖めないといけないというので、炭素のこもらないように、真っ赤にした木炭を用いて部屋を暖めた。語学のできる教員は、当分附き添うて看護することになり、自分も通訳をしたり病人のいうことを聞いたりして、看護の任にあたった。

三週間ばかりたつと、傷もだんだんと癒えてきて、二人とも口が利けるようになった。その後、ダラースを斬った男が捕まった。

土佐の人であったと思うがその人のいい分は、〝皇国の婦人を夷狄が引っ張っていくのが不都合だと思ったからだ〟と言っていた。

ダラースは犯人が捕まったのを聞いて、

〝あっ、捕まったか。我々は今のところでは命は助かるから、罪人はどうか死刑にならないよう希望する〟と言う。そこで私は、

〝かくなったのは畢竟貴公らの行動がよくなかったからだ。加害者は相当に気概のある人であるから、もし教育が足りて世界の大勢を知るようになったら、偉大な人物になるかも知れぬ。貴公がそんな考えなら、命乞いをして、アメリカへやって修業させたらどうだ〟と話した。

ダラースは、〝君がいうのはもっともだ。命乞いをしよう〟という話であった。

(筆者は、この高橋とダラースの会話を聞いて、二人の精神の中に鎌倉武士と欧州騎士の気質があるように感じた)

話はもどるが、この事件があった翌日、学校では、学校の教員の中に斬った者があるのじゃないかと、残らず刀を調べに来た。

その時私の刀に血がついているので、大騒ぎとなった。それは前の晩、私の部屋にねずみが出て、箪笥（たんす）のうしろに逃げ込んだのを、私が刺したので、血の跡が残っていたことが判って大笑いとなった。

しかしそのくらい調べたのであるから、他も随分調べたのであろう。

斬った人はとうとう斬罪（ざんざい）に処せられた」

この事件の前後の話だと思うが、最晩年のフルベッキが、当時を回顧して明治三十一年に、日本語で次のように語っている。

「私は日本政府に雇われていましたので、いつも別手（べって）（幕末からある外国人警護の警察官）によって護衛されていました。私が運動や用事で外出するときは、いつもかれらが護衛しました。そのうち別手の長（おさ）がやってきて、沢山浪人が東京へ入ったから、しばらく外出しないようにと言ってきました。やがて一歩も出られない日が二週間ばかり続いてウンザリしました。

それに耐えられなくなって、別手の一人を呼んで、新鮮な空気を楽しませてほしいと要求しました。そこで、いつもなら二人のところ、四人の別手に護られて、私は放たれたカゴの鳥のように嬉しく家を出ました。

その時ちょうど、二人の佐賀藩士が私を訪問していて、彼らも私のお供をしてくれましたので、都合六人に護られて王子を目ざして出発しました。道灌山のあたりまで来たとき、一人の浪人が私を見るや、血相をかえて刀の柄（つか）に手をかけようとしたのでビックリしました。今にも刀を抜こうとして柄を握りしめましたが、六人の護衛者のおかげで、無念そうに通り過ぎただけで済みました」

この時の佐賀藩出身の大学南校の学生は、香月・大塚・古賀の三人で、職員に丹羽という人がいた。古賀はフランス語を学んでいた。そう考えれば、この二人の佐賀藩士の一人が香月経五郎であった可能性はきわめて高い。大塚という人はおとなしい気質の人であったようなので、この二人は香月経五郎と丹羽龍之助であったと私は考えている。

廃刀令布告の六年前である。香月たち各藩から選抜された大学南校の学生は、両刀を腰に差して英書を読んでいたのである。

香月経五郎が第一回のアメリカへの国費留学生に選ばれたいきさつを、『西南記傳』は次のように記している。

「明治二年、経五郎大学南校に入るや、会ま南校在学生、田尻稲次郎（薩摩藩）、目賀田種太郎（幕臣・静岡藩）、及び大塚安次郎（佐賀藩）等、欧米留学を命ぜらる。時に南校の大舎長・丹羽龍之助、経五郎が有為の士にてこの選に漏れたるを惜しみ、安次郎に向い説くに、経五郎をして代らしめんことを以てせしに、直ちに快諾を得しかば、経五郎之が為に、米国留学生の第一選に入るを得たり」

大学南校で留学生を選抜するにあたり、英語の試験がおこなわれ、大塚のほうが香月よりわずかに点数が良かったのではあるまいか。しかし、漢学・国学を含め人物としては香月がだんぜん上だ。そこで丹羽は、香月と同じ佐賀藩出身の大塚に、今回は香月に譲ってやってくれまいかと説得した、とある。

大学南校の大舎長・丹羽龍之助、と書くとなんだか年配の偉い人のように思えるが、まったくそうではない。この人は佐賀の弘道館では経五郎の先輩で、長崎のフルベッキ塾での兄弟子でもある。すなわち大塚安次郎の先輩にもあたる。経五郎の一年あと、官費でイギリスに留学している。この丹羽は学生として大学南校に学びたかったのだが、佐賀藩の枠がいっぱいになり、職員として南校に入りフルベッキなどから英学を勉強していた。

明治二年一月に開成学校が開校した時、藩ごとに学生枠の上限が決められた。一五万石以上の大藩は三名、五万～一五万石未満は二名、五万石未満は一名であった。三五万七千石の佐賀藩には三名の枠があったが、香月経五郎・大塚安次郎・古賀護太郎でその枠を使っていた。そこで実力藩の佐賀藩は、丹羽を職員として南校に送り込んで、英語を勉強させていたのだ。

当時、佐賀藩の優秀な書生の多くは、江藤新平の家に寄宿してそれぞれの学校に通っていた。香月・山中だけでなく大塚も一緒だった可能性がある。もしそうであれば、丹羽の説得だけでなく、江藤家での夕食のおりに、「大塚君、悪いようにはせぬ。今回は香月君に席を譲ってやってくれ」との江藤のひと言があったのかもしれない。

気になって、この大塚安次郎のその後の消息を探ってみた。『近代日本の海外留学史』(石附実著）の中に、「ラトガーズ大学理科・明治五年〜九年、中退」とその名前を発見した。二年遅れで、この人は経五郎と同じ大学に入学していた。中退の理由は不明。

経五郎の親友で一歳年長の山中一郎は、経五郎に一年遅れて、明治四年の国費留学生としてフランス・ドイツで政治経済学を学んでいる。この人は大学南校ではなく、ほかの洋学塾で外国語を学んだようである。

五、幕末の日本人はすべて「攘夷派」だった

以前から疑問に思っており、課題として意識していた「攘夷」について、『攘夷の幕末史』（町田明広著）を読んで、目からウロコが落ちた思いがした。

町田氏は言う。

「幕末の政争は一般的には〝尊王攘夷〟対〝公武合体〟といわれてきた。尊王とは天皇を尊ぶという思想であり、攘夷とは夷狄（外国）を打ち払うという対外政策である。〝公武合体〟とは朝廷と幕府が融和して国内を安定させようとする政体論である。すなわち、〝尊王攘夷〟と〝公武合体〟とは対立する概念ではない。

文久年間（一八六一～六四）においては、日本人のすべてが尊王であり攘夷であった。

開国派（通商条約容認派）であり、公武合体派の代表といわれた薩摩藩ですら、文久二年八月

には生麦事件をおこし、文久三年七月にはイギリスを相手に薩英戦争を行っている」

「尊王攘夷の総本山」は水戸藩であるが、その一番弟子ともいうべき長州藩の動きは薩摩藩以上に過激だ。

文久二年（一八六二）十二月十二日、大将・高杉晋作、副将・久坂玄瑞の指揮のもと十余名の長州藩士は、品川御殿山に建設中のイギリス公使館を焼打ちした。井上聞多・伊藤俊輔・品川弥二郎・山尾庸三（ようぞう）などもこれに加わっている。

文久三年（一八六三）五月、攘夷を実行すべく、長州藩は関門海峡を航行中の米・仏・蘭の商船を砲撃する。第一次下関戦争。

元治元年（一八六四）八月、前年の報復のため米・英・仏・蘭の連合艦隊が下関に来て、艦砲射撃を行い陸戦隊の一部が上陸した。長州藩はこれを受けて立った。馬関戦争である。

長州側は十八人死亡・二十九人負傷・軍艦二隻沈没と敗北したものの、連合国側も十二人死亡・五十人負傷している。敗けたとはいえ長州藩はよく奮戦した。

この時、農民・漁民・町人たちが団結して長州藩を助けた話は有名である。

下関に住む盲目の太鼓打ちの名人が、「志気を鼓舞するため太鼓を打ちならしてお役に立ちたい」と藩に申し出た。この盲人は若者に背負われてやぐらに登り、夜を徹して太鼓を打ち続けたという。

当時、大半の日本人は「夷狄撃つべし」の考えであった。

長州藩の尊王攘夷の総大将である高杉晋作は、英国公使館焼打ち事件の半年前、文久二年四月から七月にかけて、長崎から上海に渡航し、欧米列強の強大さや太平天国の乱を見聞している。井上聞多・伊藤俊輔・山尾庸三は、焼打ち事件の半年後の文久三年五月には、イギリスへ留学に旅立っている。

一体、高杉や井上・伊藤・山尾は攘夷派なのか開国派なのか、という疑問が長いあいだ私の中にあった。

この疑問にも町田氏は明確に答えてくれた。「まちがいなく攘夷派である」と。

町田氏は言う。

「当時、攘夷の解釈によって国内は二分されていた。その主たる対立軸は、通商条約の是非にあり、〝大攘夷〟と〝小攘夷〟の対立であった。この言葉は当時から使用されており、津和野藩の国学者・大国隆正の用いた造語である。

〝大攘夷〟とは、現状の武備で西欧列強と戦えばかならず敗北するとの認識に立ち、無謀な攘夷を否定した。まず、外国との通商を行ない技術を学び、交易で利益し、十分な国力・武備を整えることが先決と考えた。その後攘夷を実行するとの主張であり、井伊直弼をはじめとする幕閣の考えはこれである。

かたや、〝小攘夷〟とは、天皇の勅許を得ていない通商条約は認めることができない、これを廃棄し、それによる対外戦争も辞さないとする考え方である。

そして、実力行使をいとわず、しきりに外国人を殺傷して外国船砲撃といった過激行為を繰り返した」

水戸浪士に暗殺された井伊直弼も、基本は〝攘夷派〟であったのだ。

「大・小」の違いはあるものの、幕末の国内の風潮は〝攘夷〟であり、そして明治維新をむかえた。

その後、日清戦争・日露戦争に勝利し、不平等条約の改正もなしとげ、欧米列強の仲間入りをはたした。すなわち、列強から侵略されず、植民地となることもなく自立を確立した。

この〝攘夷〟という思想は、幕末になって突然日本人のあいだに湧きあがったものではない。江戸時代の半ばから百年以上の年月をかけて醸成されたものである。

元来日本人は、「西欧人を嫌悪する」という考えは持っていなかった。

フランシスコ・ザビエルは、イエズス会への報告書（一五五一年頃）の中で、日本人の印象を次のように記している。

「この国の人々は私が今まで遭遇した国民の中では最も傑出している。日本人より優れている人々は異教徒のあいだでは見つけられない。彼らは親しみやすく、総体的に善良で悪意がなくすこぶる感じがよい。驚くほど名誉心の強い人々で、他のなによりも名誉を重んじる」

このザビエルの日本人観は、それ以降の西欧人の日本人観となり、ペリー提督も日本来航の前にこれを読んでいた。

本稿でしばしば名前が出るグイド・フルベッキも、英国人外交官のアーネスト・サトウも、日本に対する興味と憧憬の発端は、このザビエルの手記にあったようだ。

また、長崎のオランダ商館で医師として働いていたドイツ人のエンゲルベルト・ケンペルは、一六九〇〜九二年頃の日本を、次のようにヨーロッパの友人に伝えている。

「日本こそ世界一の理想国である。主食を自給でき、道具を作る材料と技術を持ち、他方軍事力を否定している（これは反幕抑止のための徳川幕府の政策であるが）。国民は清潔好きで勤勉であり、まさに平和国家である」

その善良で外国人に対して悪意がなく、平和を好む日本人が、なぜ、文久年間にピークに達した気狂いのような攘夷思想を持つに至ったのか。

町田氏は言う。

「その意識を日本人が持つことになったのはロシアの南下政策にある。日本人の攘夷思想は、江戸時代の半ばにはすでに芽生えていた。攘夷という思想は、幕末に降って湧いたものではなく、江戸時代を通じて醸成されてきたものなのだ。一般的には、ペリー来航すなわちアメリカの黒船によって幕末がスタートしたとの認識があるが、そうではない。

実際には、外国船といえばロシア船という認識の時代が長く続いていた。

八代将軍・徳川吉宗の時代（在位一七一六～四五）にはロシア船は房総沖まで達し、老中・松平定信の時代には、その動きがさらに活発になった」


ロシアの南下政策による極東における行動の概略は、次の通りである。

○一七〇二年、ピョートル大帝は日本探索を命じ、同時に日本人漂流民を首都サンクトペテルブルクにまねき日本語教師とした。薩摩生まれの「ゴンザ（権左衛門か？）」という少年もその一人であった。この人がサンクトペテルブルクで作った「露日辞典」の日本語が薩摩弁だったので、当時のロシア人は薩摩弁を日本語として勉強した。よって、蝦夷地や東北地方の日本人には、来航したロシア人の使う日本語がわかりづらかったようである。
○元文（げんぶん）四年（一七三九）、ロシアの探索船一隻が仙台湾に入り、別の一隻が房総沿岸に来て何名かが上陸した。
○エカテリーナ二世（在位一七六二～九六）は、盛んに探索隊を日本列島に派遣した。安永（あんえい）七年（一七七八）六月には根室に、翌年には釧路東部の厚岸（あっけし）に来て、松前藩に通商を求めたが拒否された。

○文化元年（一八〇四）、レザノフが長崎に軍艦で来航した。幕府は半年間これを放置し、かつ通商条約の拒否を申し渡した。

○この日本側の対応に怒ったレザノフの部下フヴォストフは、文化三年（一八〇六）に樺太（からふと）の松前藩番所を、翌年には択捉島（えとろふ）の日本拠点を襲撃した。当時すでに、樺太や択捉島に日本人が住んでいたのである。

このようなロシアの動きの中で、林子平は『海国兵談』等の国防論を著した。間宮林蔵は幕命により、極寒の樺太を測量して歩いた。ここが半島か島かということは、幕府にとってロシア陸軍の派兵の時間を推し量る上で重要であった。そして樺太が島であることを発見した。この島の西側を「間宮海峡」と命名したのは、フォン・シーボルトである。

○ペリー艦隊の日本派遣（一八五三）の報はロシアに大きな衝撃を与えた。ロシアはただちにプチャーチンを使節として、艦隊を長崎に派遣し国境の画定と開港・通商を求めた。

○安政二年（一八五五）、下田で日露和親条約が締結された。これにより下田・箱館・長崎の三港が開かれ、国境は択捉島までが日本領となり、ウルップ島以北がロシア領と決まった。

樺太はこれまで通り日本・ロシアの雑居地としたが、北緯五〇度あたりが国境との認識が両国にあった。

このように、一見友好的に見える日露関係が築かれたものの、すぐに日本の主権が侵されることになる。ロシアという国は、その建国以来一貫して約束ごとを遵守せず、常に領土を拡大するために侵略を繰り返している国である。その理由は、先述したようにロシア史の中に鎌倉時代がないからである。つまり、「約束は厳守すべきもの」との認識が国民にも国家にもないからである。

○文久元年（一八六一）二月、ロシアによる対馬占領事件が勃発する。海軍中尉ビリリョフは軍艦ポサドニック号で対馬に来航し、租借地を要求して居座った。ロシア兵は対馬藩の番所を襲撃して武器や食料を強奪し、住民を拉致・殺害した。

対馬藩も幕府も、この緊急事態に対しなんら有効な解決策を取らなかった。

ここで、イギリス公使・オールコックは、日本側が主権を守る意志と能力がないと判断した。老中・安藤信正に対し、「幕府の依頼がなくてもイギリスは武力を用いてでもロシアを対馬から撤退させる」と言明した。

オールコックは、このまま放置すればロシアが日本の一部を併合する危険があり、そのことがイギリスの東アジア政策に打撃を与えると考えたのだ。結果としてポサドニック号は六ヵ月後に、イギリスの圧力に屈して退去した。ロシアに対してなすすべもなく、イギリスの介入を招いたことは幕府の武威を大きく落とした。これ以降、倒幕運動に弾みがつくことになる。

○明治維新後、当初の太政官政府も徳川幕府と同じく、樺太の北緯五〇度以南と択捉島以南は日本の領土と認識していた。ただ樺太の気候が劣悪なので、蝦夷地（北海道）開発に全力を挙げるのが得策、との主張が政府内で優勢となった。その結果、明治八年（一八七五）樺太・千島交換条約が結ばれ、占守島以南の千島列島のすべてが日本領、樺太全島がロシア領となった。

以上、江戸時代中期から明治初期に至る、ロシアの日本列島への南下の歴史を述べた。

幕末、日本人が持った「攘夷思想」の発生は、その七～八割がたがロシアに対する恐怖と嫌悪に原因があったように思う。そして、残りの二～三割が米・英・仏・蘭に原因があったと考える。

というのは、「安政五ヵ国条約」（対米・英・仏・露・蘭）は、勅許なく調印された不平等条約であるが、このことに憂国の志士達が強く反発した。その中でも特にイギリスに対する不信感が当初は強かったように思える。

それは、フェートン号事件のことである。

これは、主人公の香月経五郎にとって、彼の祖父の若い頃のできごとであるが、祖父・又六や父・三之允からしばしば聞かされた話に違いない。


英国の軍艦フェートン号が起こした事件について簡潔に触れておこう。文化五年（一八〇八）のことで鎖国体制を敷き、欧州ではオランダ一国と交易をしていた時代である。日本の主権を侵害し、幕府の権威を著しく失墜せしめた事件である。これによって〝夷狄うつべし〟との気運が国内に喚起されてゆくことになる。

ことの経緯は、イギリスの軍艦・フェートン号がオランダの国旗を揚げ偽装して、長崎港に入港した。出島のオランダ商館員二名と、長崎奉行所の通詞がこれに向かった。この時オランダ商館員が拉致され、湾内を探索したうえ、商館員の解放要求に対し、「薪・水・食料」を要求するという乱暴狼藉（ろうぜき）を働いた事件である。

長崎警備の任にあった佐賀藩は、太平の世に慣れ、経費削減のため守備兵を無断で減らしていた。諸説あるものの、佐賀藩兵千名のところ実際はその十分の一にすぎなかったという説もある。

施す策もないまま、同艦は二日ほどで立ち去ってしまった。

オランダ商館員は無事であったものの、長崎奉行・松平康英はその夜割腹自殺した。佐賀藩の高官七名も責任を取って切腹した。

この事件は、為政者に深刻な衝撃を与え、幕府の海防政策強化を促し、後の異国船打払令（一八二五）発布の契機となり、攘夷思想を喚起されることとなる。

偽ってオランダ国旗を揚げ、オランダ商館や日本側を油断させ、本船に近寄ってきた担当者を拉致して人質とし、「薪・水・食料」を要求するとは卑怯である。

ロシアの行為なら理解もできるのだが、騎士道精神を持つはずのイギリスの行為とは合点がいかない。

調べてみると、この時のフェートン号の艦長には一応の言い分があった。

当時、欧州大陸の大半を勢力下に置いていたのはナポレオン・ボナパルトである。一八〇六年、フランス皇帝ナポレオンは弟のルイ・ボナパルトをオランダ国王に任命した。このため、世界各地にあったオランダの植民地と財産はすべてフランスの支配下となった。

ところが、旧オランダ元首・ウィレム五世はイギリスに亡命し、イギリス側に助けを求めた。

つまり、旧オランダの領土と財産をめぐり、フランスとイギリスの代理戦争がはじまったわけである。

よってフェートン号の艦長にすれば、「旧オランダの元首からの要請により、ナポレオンの支配下にあるオランダ商館の財産を確保する」という大義名分があったのだ。

ただ実際には、フェートン号の目的は「薪・水・食料」の確保であり、長崎のオランダ船や日本船には攻撃を加えていない。

この時オランダ商館はフェートン号からの要請により、豚と牛各一頭を食用に提供している。

幕府は佐賀藩が長崎警備の任を怠っていたとして、藩主鍋島斉直(なりなお)に百日間の閉門を命じた。斉直のあと第十代の佐賀藩主となるのが、十七歳の鍋島直正(閑叟)である。

直正は佐賀藩の財政改革に辣腕を振るうと同時に、西欧の軍事技術の導入を図り、反射炉・蒸気船・アームストロング砲など、西欧式武器の自藩での製造を成功させた。これらの技術を学ぶため、直正は十四歳年上の伊豆韮山の代官・江川太郎左衛門(英龍)のもとに、しばしば佐賀藩士を派遣している。

また、幕府の長崎海軍伝習所が安政六年(一八五九)に閉鎖されたあと、それを引継ぐ形で、自藩の早津江川沿いに三重津(みえつ)海軍所を創設している。

徳川幕府は雄藩の軍事力強化を恐れ目を光らせていたが、佐賀藩はある意味このフェートン号事件を逆手に取って、日本最強の近代的な軍事強藩になったといえる。

「幕末の日本人すべてが攘夷派であった」のには今一つ理由があった、と筆者は考えている。このことには、他の人はあまり触れていない気がする。

それは、幕末期に日本中で蔓延（まんえん）したコレラである。幕末期にコレラで亡くなった日本人は一〇〇万人とも二〇〇万人ともいわれているが、実数は定かではない。当時三〇〇〇万人強であった日本の人口と現在の人口比で考えると、今回の新型コロナに比べて百倍以上の日本人がコレラで亡くなったと想定される。

副島種臣の実兄・枝吉神陽とその妻も、文久二年（一八六二）コレラで亡くなった。江戸の有名な浮世絵師・歌川広重も、安政五年（一八五八）コレラで亡くなっている。

そもそも島国に住む民族は病原体に対する免疫力が弱い。弥生時代から平安時代に至る千年間の日本史は、天然痘との戦いの歴史ともいえる。渡来人や中国への留学生・僧によって日本列島に入ってきた天然痘により、おびただしい数の日本人が亡くなっている。

ハワイ王国の人口が激減しアメリカの一州に編入された原因の一つは、西欧人が持ち込んだコレラ・結核・ハンセン病・梅毒などの病原菌にある。キャプテン・クックが来島したとき三〇万人であったハワイの人口は、百年後には五万七〇〇〇人になった。

幕末のコレラ流行の時期や原因には諸説あるが、最初の流行は文政五年（一八二二）といわれている。安政年間以降にコレラが大流行したのは、ペリー艦隊に属していたミシシッピー号が、中国経由で長崎に入港した時、アメリカ人乗組員にコレラ患者が出た。安政五年（一八五八）のことで、これが大流行の源というのが定説である。

筆者の実家は広島県東部であるが、先日わが家の過去帳を見て、幕末期に多くの幼児が亡くなっていることを知った。死因は記されてないが、何人かはコレラが原因かもしれない。「異国人が持ち込んだものだ」との認識を、当時の日本人すべてが持ち、それが異人を嫌悪する攘夷思想に拍車をかけたように思える。

この章のおしまいに、わが家のささやかな幕末・明治史を披露したい。

私の実家は江戸時代の住所表示では、備後国沼隈郡浦崎村となる。自作農であったので、阿部正弘（老中首座）が藩主である備後福山藩に年貢を収めていた。

私の曾祖父・田頭音松は安政五年に生まれ、昭和六年に七十三歳で没した。香月三郎より四歳年長である。音松は末っ子だが家を継いだ。長兄の好太郎が京都に遊学に出かけ、祇園の女性と結婚して村に帰らなかったからだ。好太郎と音松のあいだの男一人・女三人は幼児のとき亡くなった。

好太郎と音松の年齢差ははっきりとはわからないが、十五歳ぐらいと思える。よって、田頭好太郎は香月経五郎より数歳年長かと思う。好太郎が十八歳で京都に上ったとしたら、音松は三歳ぐらいで、父親の長蔵や母親と一緒に兄を見送ったに違いない。

当時、武士以外の農・商の身分の若者も、江戸・京都・長崎に多数遊学している。田頭好太郎が京都で何を学んだかも、どのような生活をしたかもわからない。ただ、幕末・維新の風雲に乗れなかったことは確かである。

晩年、好太郎は村に戻ってきた。この兄を、末弟の音松は優しく遇したと聞く。よって、田頭好太郎の墓は我が家の墓地の右端にある。

このようなことから、我が家の当時の人々も、ほかの日本人と同じく〝尊王攘夷〟であったように思える。

六、アメリカへの旅立ち

香月経五郎のアメリカ・イギリス留学時代の資料やエピソードはとても少ない。よって、同じ頃に海外留学した日本史にも登場する同世代の留学生の足跡をたどりながら、経五郎の生活ぶりを想像したい。

米欧留学時の香月経五郎
（親族提供）

香月経五郎と同じ嘉永二年（一八四九）に生まれた日本史の有名人が二人いる。

一人は乃木希典だが、この人の留学時期はおそく、明治二十年一月から翌二十一年六月、陸軍少将のとき三十八歳でドイツに留学している。今一人は西園寺公望だ。この人は経五郎の二ヵ月後、明治三年十二月に国費留学生としてフランスに向け出発している。明治十三年十月の帰国だから、期間は十年と長い。

経五郎の一歳上に、桂太郎と東郷平八郎がいる。二人とも軍人である。

桂は明治三年八月、私費留学生としてフランスを目指して出国したのだが、普仏戦争により滞在地をドイツに変更した。戊辰戦争での賞典禄を元手に私費留学したのだが、生活が苦しくドイツへ来訪した木戸孝允に官費留学への切り替えを依頼した。結果的には木戸の帰国の三ヵ月後明治六年十月に、桂も留学を打ち切り日本に帰国している。

東郷は明治四年、国費留学生としてイギリス・テムズ川下流のグリニッヂ商船学校に入学し同十一年に卒業している。東郷はじっさいの年齢より九歳も若い一八五七年生まれと、入学時に自己申告している。入学の年齢制限があったからだと思う。当初はダートマスの海軍兵学校への留学を希望したのだが、イギリス側がこれを許可しなかった。

経五郎より四歳下の金子堅太郎は、英語力が未熟であったため、明治四年から四年間ボストンのグラマースクール（小学校・中学校）で準備してハーバード大学に入学している。法学士の学位を取って帰国したのは明治十一年九月である。これらから見て、当時一流の大学で学位を取るには、準備期間を入れて七〜八年を要するのが平均的であった。

西園寺の十年というのは、どうもパリで遊びほうけていたらしい。言葉を変えると、社会勉強に熱を入れていた。ただこの時代の人脈が西園寺自身だけでなく後日、日本の国益にもプラスになっている。

このような中で、経五郎より五歳下の山川健次郎が、日本出国から帰国まで四年半で、イエール大学理学部の学位を取ったのは群を抜いて早い。当時の留学生の中で本当に死ぬ気で勉強したのは、この人が筆頭の気がする。「白虎隊総長」の面目躍如たる迫力を感じる。

少し余話をする。

『地球の歩き方』という海外旅行の案内本があり、私は海外旅行に出かける時にはいつもこれを持っていく。

経五郎を含め明治初年の留学生にとっては、慶応三年に発刊された福沢諭吉の『西洋旅案内』がこれにあたる。香月経五郎も山川健次郎もこれを読んだのはほぼ間違いない。

食事について次のような注意がある。

「日本にて平生肉食（にくじき）に馴れざる人は、船に乗るとき、漬物・醤油・其外の食物、少しばかり用意すべし。外国風の食物のみにては、はじめ二、三十日の間、困るものなり」

沢庵（たくあん）は西洋人の船員がその臭いを嫌うので、多くは「うめぼし・佃煮」を持っていったらしい。経五郎もこれらを持参したと思える。このとき開拓使の費用で留学した山川健次郎は、「うめぼし・佃煮を準備できず行きの船の中でおおいに困った」と、手記に書き残している。

会津藩の国家老職という名門に生まれた山川だが、このとき会津藩本体が下北半島の斗南（となみ）に転封され、藩士全員が極貧の状態にあった。

これらの人々は、いずれも大学南校では学んでいない。洋学塾もしくは独学で、それなりの外国語の基礎能力を身につけていたようだ。各人の努力はもちろんだが、当時の洋学教育に対する日本全体の熱意を感じる。

香月経五郎と同じ時期にアメリカ・ベルギーに渡った、大学南校出身の六人の足取りを見てみたい。

このとき「大学」が「太政官」に報告した書類が残っている。親族の方からいただいた資料（国立公文書館蔵）であるが、興味深い。

次のようにある。

南校専門生徒留学御許容相成候ニ付、左ノ人名差遣申度此段相伺候事
静岡藩　目賀田(めがた)種太郎
佐賀藩　香月経五郎
姫路藩　長谷川雉郎
大垣藩　松本荘一郎　　右英国へ
金沢藩　松原且次郎
佐賀藩　古賀護太郎　　右仏国へ
明治三年八月二日　　大学
弁官御中

弁官とは太政官に直属した事務局である。

これによると、当初、香月経五郎を含め四名はイギリスへの留学が決まっていた。二名はフランスへの留学である。

ところが、わずか五日後の記録に次のようにある。

過日英国へ留学申付候者共可相成候ハ、米国へ罷越度旨願出候ニ付テハ、英米同語ノ儀ニテ別段差支モ無之ニ付、当人共願ノ通申渡候間此段　御届致候事
明治三年八月七日　　大学
弁官御中

というのだ。

「イギリス留学の辞令を出したあと、留学予定の四名からイギリスではなくアメリカに留学したいとの願いがあった。英米ともに同じ言葉であるから別段かまわぬと判断し、これを許した」

明治初年とはいえ、大学（文部省の機能も兼務）と太政官の対応は、なんとも寛大で自由自在で好感が持てる。

幕末から明治初年にかけて、日本人はイギリスが世界最強の国だとの認識があり、イギリスに学びたいとの気持ちが強かった。

だが、どこかの時点で、「国の歴史は浅いものの、南北戦争が終わったあとエネルギッシュに発展しているアメリカに学ぶほうが良いのではないか」との空気が、日本の知識層のあいだに広がったように思える。

このような次第で、目賀田・松本・長谷川の三名は、明治三年九月二十八日に横浜からサンフランシスコに向け出発した。

ところが、香月経五郎は一緒ではなかった。病気のため出発がひと月遅れ、十月二十九日に出発している。どのような病気かはわからない。風邪で高熱を出したぐらいで大きな病気ではなかったように思える。

これも記録に残っている。

佐賀藩　香月経五郎
右ノ者先頃伺之通米国留学申付候処　不快ニ付遅延致当節全快ニ付　来二十九日出帆ノ米国飛脚船へ乗組候ニ付テハ　免状ノ儀相渡候様　外務省へ御達有之度存候事
明治三年十月　　大学
弁官御中

じつは、当初フランス留学の辞令をもらった松原・古賀の二名も、留学先をベルギーに変更している。普仏戦争（一八七〇年七月十九日〜一八七一年五月十日）が勃発したためである。先述したとおり、明治三年七月に「大学」の授業は打ち切られた。しかし、文部省が設立されるのは明治四年七月であり、それまでの約一年間は「文部行政の役所」として「大学」が機能していたことが右の書類からわかる。

さて、経五郎以外の三名のアメリカ組のその後である。

目賀田種太郎（幕臣・静岡藩・経五郎より四歳年少）は、ハーバード大学ロースクールを卒業し、男爵・貴族院議員・国際連盟大使となっている。

明治七年に一旦帰国、翌八年に再渡米し、十二年に卒業している。前半四年、後半五年で計九年を要してハーバードを卒業したことになる。明治八年の再渡米の際は、九名の大学南校の学生を引率している。この中に、鳩山和夫（鳩山一郎の父）や小村寿太郎（外交官。ポーツマス条約締結）がいた。

松本荘一郎（大垣藩・経五郎より一歳上）は、法学者・松本烝治（じょうじ）の父である。この人は七年ののちの明治十年に工学士を取得して帰国し、鉄道官僚として成功し東大工学部教授もつとめてい

1879（明治 12）年のラトガーズ大学
（ラトガーズ大学提供）

る。

長谷川雉郎（姫路藩・経五郎と同年）は、経五郎と同じラトガーズ大学に入学している。この人はずばぬけて良い成績だったが、残念なことに一年後に同地で病没した。

香月経五郎が入学したラトガーズ大学（ニュージャージー州）とは、どのような大学なのか。この大学は植民地時代の一七六六年に設立された、全米で八番目に古い名門大学である。ノーベル経済学賞を受賞したミルトン・フリードマンはこの大学の卒業生である。

当時の日本人にとって、ラトガーズ大学はもっともなじみのある大学であった。

幕末から明治十八年までに、少なくとも三〇〇人以上の日本人が、この大学（附属のグラマースクールを含む）に留学している。

1875（明治8）年のラトガーズ・グラマースクール
（ラトガーズ大学提供）

幕末、日本人にこの学校を紹介したのはフルベッキである。

この学校は、もともとはフルベッキと同じオランダ改革派プロテスタントの牧師を養成する学校であった。幕末には横井小楠（しょうなん）の甥二人や福井藩の何名かが、明治初年には岩倉具視の息子二人や勝海舟の息子もここで学んでいる。

明治初年にこの大学の造船科を卒業した日本人がいるので、神学部だけではなく、当時すでにいくつもの学部があったようである。ただ、この大学もしくは附属のグラマースクールを足場として、英語に磨きをかけたあと、アメリカ北東部・ニューイングランドの名門大学に転出した人も多い。

勝手な推測を許していただけるなら、筆者は次のように考える。

香月経五郎の当初のプランは、このラトガーズで二年程度英語に磨きをかけ、ハーバードもしくはイエールなどのニューイングランドの大学で学位を取ろうと考えたのではあるまいか。結果として、岩倉使節団に同行していた、佐賀藩の若殿様・鍋島直大の依頼か誘いにより、留学先を直大と同じオックスフォード大学に変更した。

七、岩倉使節団・鍋島直大と久米邦武

岩倉使節団と香月経五郎の人生には、大きな関連性があるように感じる。

「明治四年、岩倉具視全権大使に任ぜられ、其一行を随へて米国に航するや、旧藩主鍋島直大も亦一行中にありしを以て、経五郎傅役の選に当り、又大使一行の為に斡旋の労を執り、其処置一一機宜に適ししかば、大使大いに之を称揚し、才名一時に喧伝せりと云ふ」と、的野半介著『江藤南白』にある。

香月経五郎の斡旋・手助けに、岩倉大使や鍋島直大が大いに喜びこれを高く評価したというのである。経五郎の能力と頑張りが評価されたわけだが、経五郎に「大きな役割と場」を与えるべくお膳立てしたのは、若き元佐賀藩主・鍋島直大と佐賀弘道館での恩師・久米邦武であったと考

える。

岩倉使節団一行がワシントンDCに到着したのは一八七二年二月二十九日である。このとき、駐在少弁務使（実質的な公使）・森有礼は、当時アメリカに二〇〇名程度いた日本人留学生の中から、人物・英語力の両方から審査し三十三名をワシントンDCに呼び寄せた。使節団一行の手助けをさせるためである。香月経五郎もこの中に加わっている。

強い個性を持つ、少壮の外交官・森有礼について少し述べたい。

森有礼がワシントンDCに向けて日本を発ったのは、明治三年（一八七〇）旧暦の十二月である。ワシントンに公使館を設立したのは明治四年で二十四歳の時である。ほぼ同時期に渡米した経五郎は二十三歳だから、年の差はあまりない。

ただ、森は慶応元年十八歳のとき、薩摩藩の留学生の一人としてイギリスに密航していて、英語力は充分にあった。

実質的なアメリカ公使といっても、このときの森有礼の仕事・権限は現在の駐米大使に比べるとはるかに少ない。条約改正問題は岩倉以下の政府高官の仕事であり、森はその窓口にすぎない。ただ、自信家の森はこれにかなり口出しをして、大使・副使たちからひんしゅくを買っている。

このときの森有礼の役割は、①外交儀礼を間違いなく行うこと、②日本人留学生の面倒を見ること、の二つが重要な仕事であった。これに加えて、③岩倉使節団の訪米を成功させるための支援であったと考えられる。

サポート役となった三十三名の留学生の中で、英語力とアメリカ知識が群を抜いていたのは新島襄（二十九歳・上州安中藩）である。

森有礼はマサチューセッツ州まで自らおもむき、新島に丁重に岩倉使節団一行の通訳を含むサポートを依頼している。この新島という人は、傲岸不遜で有名な森有礼がたじたじするほどの、個性の強い頑固者だったらしい。言葉をかえれば、意志の強い軸のぶれないしっかりした人物であった。

結局、森の説得が功を奏し、文部大丞（局長クラス）・田中不二磨（二十六歳・尾張藩・のち司法大臣）の通訳となり、米国のあと欧州各国の文部行政の調査にも同行している。この時の経験が同志社英学校の設立の礎となったと思われる。

新島は国費留学生ではなかったので、森は新島に一年足らずの報酬として二四八四ドル、別途日当五ドルを渡している。当時一ドル一円（一両）だから大金である。現在の金額に換算するのはむずかしいが、明治初年の巡査の月給四円、明治十三年の第一回東京大学を卒業して官吏になった者の月給一八円と比べても、ずいぶんな金額である。

欧州での調査が終わって田中が、「新島君、あなたのおかげで随分と仕事がはかどった。どうだろう、帰国して政府に仕官してくれまいか」と提案するが、「まだ学業の途中ですから」と、新島はこれを断っている。

香月経五郎の人生に大きな影響を与えた、佐賀の若殿様・鍋島直大について語らねばならない。一八七二年二月二十九日（陽暦）、ワシントンＤＣに到着した鍋島直大（二十六歳）が、すぐに宿舎に香月経五郎（二十三歳）を呼び寄せたのは間違いあるまい。

同郷の佐賀藩出身の全権副使・山口尚芳（三十三歳）と、使節団の一員・久米邦武（三十三歳）も同席したと推測する。両人とも大隈重信より一歳若い。

経五郎より三歳年長の直大は、一年前に亡くなった鍋島閑叟の長男である。直大は使節団員ではなく、これに同行して英国に渡り、オックスフォード大学に学ぶ予定の留学生であった。このとき二十六歳だが、柔（やわ）な若殿様ではない。大使の岩倉、副使の大久保・木戸・伊藤が一目も二目も置く存在であった。

この人が佐賀から江戸湾に運んだアームストロング砲二門が、たった半日で上野の彰義隊を沈黙させたことは先に述べた。

その後、佐賀藩兵を連れて東北各地を転戦している。会津若松城に向けてアームストロングの弾丸を撃ち込んだのもこの人である。

慶応四年（明治元年）には、京都に出来たばかりの新政権で、外国官（今の外務省）の副知官事（副長官）に就いている。現在でいえば外務次官である。二十二歳のときだ。

この時の長官は、宇和島藩主・伊達宗城（五十歳）で幕末四賢侯の一人といわれた人物で、父・閑叟の友人である。短期間ではあるが、伊藤博文はこの時期この外国官で勤務しており、直大から見て二階級ほど下の部下であった。

副使の山口尚芳であるが、経五郎にとってこの人も身近な先輩である。弘道館の秀才で、副島・大隈とともにフルベッキの長崎英語伝習所（のちの済美館）で英学を学んでいる。元々大隈重信がこの使節団に加わる予定だったが、参議として国内に残る必要があり、大隈の身代わりとして山口が副使に選ばれたといわれている。有名な岩倉使節団の写真の中に、岩倉と木戸のうしろに立っているのがこの人である。

久米邦武は、『特命全権大使米欧回覧実記』の編纂者である。この人は香月経五郎の弘道館時代の先生の一人でもある。

佐賀には「義祭同盟」といわれる結社があった。枝吉神陽が楠木正成・正行父子を祭った私的なものであるが、嘉永三年（一八五〇）の初回から弟の副島種臣・従兄弟の島義勇・大木喬任・江藤新平などが参加している。四年後に、大隈重信・久米邦武が加わっている。私的な結社ゆえ、年齢制限もなく弘道館のエリートの多くがこれに参加した。

枝吉神陽が亡くなった後、副島種臣が引継ぎ、これを主宰している。

大隈重信は晩年、「義祭同盟は有力の門閥家なく、また吏員なく、ただ純然たる書生の集合体であった」と語っている。

香月経五郎もこれに加わっていたので、経五郎から見たら、久米邦武は身近の大先輩という存在であった。

使節大使の岩倉具視はワシントンDCに到着するや、佐賀出身の副使・山口尚芳もしくは鍋島直大に、「貴藩の香月経五郎を呼んでくれまいか」と頼んだ可能性がある。

次のような背景からである。

明治二年の早々、岩倉は息子二人の英学教育を鍋島閑叟に依頼した。当初、「畏れ多い」と辞退したものの、岩倉の強い熱意に敗け、息子二人を長崎の致遠館に受け入れた。

次男の具定（ともさだ）十七歳、三男の具経（ともつね）十五歳であった。年表によると、何ヵ月かの短期間ではあるが、経五郎とこの二人はオーバーラップしている。二人のめんどうを見た可能性が高い。フルベッキと経五郎が長崎を去ったあとも、二人の兄弟は長崎に残り英語の勉強を続けている。


その後、二人の兄弟はラトガーズ大学のグラマースクールに留学しているが、時期的には経五郎とほぼ同じ頃である。

兄・具定はラトガーズ大学を卒業し、弟・具経はその後英国に渡り、オックスフォード大学を卒業している。

このような関係であったので、「香月君、息子二人が大変お世話になりありがとう」と、岩倉が経五郎に礼を言ったとしても不自然ではない。

「岩倉大使以下副使全員がラトガーズ大学を訪問し、学長に感謝状を渡した」と記録にある。日本政府を代表して、幕末から今まで数多くの日本人留学生を受け入れてくれたことへの感謝状であろう。

岩倉個人にしても、「息子二人がお世話になります。よろしくお願いします」との気持ちがあったはずだ。この学長訪問の際に、香月経五郎が同行したのは間違いあるまい。

このような背景から想像するに、岩倉使節団が明治五年二月にワシントン入りして、八月にリバプールに向けてボストンを出発するまでの半年間は、経五郎はこの使節団につききりだったように思える。

ラトガーズのキャンパスで、教授たちの講義を聞く時間はあまりなかったのではあるまいか。

『米欧回覧実記』は使節団員だけでなく、森有礼以下アメリカ留学生を動員して収集した資料を、後日久米邦武がほぼ一人で、数年かけて編纂した大著である。

この種の書物の先例としては、福沢諭吉の『西洋事情』があるが、それよりはるかに綿密でスケールが大きい。

「米欧各地の歴史・地誌・政治経済機構・ホテル・各種学校・公園・動植物園・博物館・工場・病院・劇場・教会・刑務所・新聞社」など幅広い分野にわたって、綿密な調査がなされ記録している。

アメリカ側が公式には見学させなかった「貧民街やインディアンの集落」まで、どのようにして手配したのかわからないが、非公式に足をのばして記録している。

多くの留学生を動員してアメリカ側から資料を入手したのであろう。久米邦武にすれば、気心の知れた香月経五郎に「あれを調べてくれ、これを調べてくれ」と依頼したのは当然だと思う。たとえば、この本の中に一八七〇年のアメリカ合衆国の牧畜数が記されている。

馬・六百十一万五千四百五十八頭、
羊・二千二百四十一万七千七百五十六頭、
豚・三千二百五十五万五千二百六十七頭、

と、すこぶる細かい。
久米に言われて、これらの資料を経五郎や他の留学生が、あちこち走りまわって集めていたと想像すると、なんだかほほえましい。

先日、目黒駅前にある「久米美術館」を訪問して、この『特命全権大使米欧回覧実記』の初版本を見る機会を得た。革表紙の重厚な書物である。欧米から招聘した製本職人が製作したものと

特命全権大使米欧回覧実記　初版本
（久米美術館提供）

思える。

「久米美術館」から提供を受けた画像を、ここで掲載させていただく。

ここで岩倉使節団の主だった人物を紹介したい。岩倉使節団とは、明治四年十一月十二日（旧暦）に横浜からアメリカ号で渡米した先発組のほかに、あとで出発した後発組とがある。ここでは先発組の人名を記す。

この使節団の人選は、かならずしも薩・長・土・肥に片寄らない公平な人選の気がする。一等書記官全員を含め、書記官の大部分が幕臣であり、留学生の中にも幕臣・佐幕側の出身者が意外に多い。これらの人々の多くと経五郎は面識があったと思われる。

使節

特命全権大使　岩倉具視（公家）

副使　木戸孝允（山口）・大久保利通（鹿児島）・伊藤博文（山口）・山口尚芳（佐賀）

一等書記官　田辺太一（幕臣）・何礼之（幕臣）・福地源一郎（幕臣）

二等書記官　渡辺洪基（福井）・小松済治（和歌山）・林董（幕臣）・長野桂次郎（幕臣）

三等書記官　川路寛堂（幕臣）

四等書記官　安藤太郎（幕臣）・池田政懋（佐賀）

大使随行　中山信彬（佐賀）・五辻安仲（公家）・野村靖（山口）・内海忠勝（山口）・久米邦武（佐賀）

理事官（大蔵省）　田中光顕（高知）

随行　安場保和（熊本）・若山儀一（東京）・阿部潜（幕臣）・沖守固（鳥取）・富田命保（幕臣）・杉山一成（幕臣）・吉雄永昌（長崎）

理事官（宮内省）　東久世通禧（公家）

随行　村田新八（鹿児島）

理事官（兵部省）　山田顕義（山口）

随行　原田一道（幕臣）

理事官（文部省）　田中不二麿（名古屋）
随行　長与専斎（佐賀）・中島永元（佐賀）・近藤鎮三（幕臣）・今村和郎（高知）・内村公平（山形）
理事官（工部省）　肥田為良（幕臣）
随行　大島高任（岩手）・瓜生震（福井）
理事官（司法省）　佐々木高行（高知）
随行　岡内重俊（高知）・中野健明（佐賀）・平賀義質（福岡）・長野文炳（大阪）

同伴留学生
華族　鍋島直大・伊達宗敦・前田利同・奥平昌邁・黒田長知・高辻修長・武者小路実世・長岡義之・錦小路頼言・毛利元敏・吉川重吉・岩倉具綱・鳥居忠文・坊城俊章・松崎万長・万里小路秀磨・前田利嗣・清水谷公考
士族　河内宗一（山口）・中江篤介（兆民・高知）・日下義雄（山口）・関沢明清（金沢）・堀嘉太郎（高知）・金子堅太郎（福岡）・岩下長十郎（高知）・牧野伸顕（鹿児島）・百武兼行（佐賀）・松村文亮（佐賀）・松田益次郎（岡山）・平田範静（山形）・田中貞吉（岡山）・土屋静軒（山口）・川村勇（静岡）・湯川頼次郎（長崎）・沢田春松（山口）・團琢磨（福岡）・三浦芳太郎

（山口）・田中永昌（山口）・水谷六郎（山口）・松浦熙之（長崎）・中島精一（長崎）・大久保利和（鹿児島）

士族子女（開拓使官費）

上田貞子（新潟）・永井繁子（静岡）・山川捨松（青森）・吉益亮子（東京）・津田梅子（東京）

大名華族全員が私費留学、公家華族の多くが官費留学と記録されている。士族に関しても私費留学が多い。元藩主が自分の留学に自藩のエリートを援助して同行させたと思われる。

八、イギリスに向け大西洋を渡る

八ヵ月間アメリカに滞在した岩倉使節団の一行が、イギリス船「オリンパス号」でボストンを出港したのは一八七二年（明治五年）八月六日である。八月十七日にリバプールに到着した。

じつは、当初の予定ではこの頃江藤新平はロンドンかパリにいるはずだった。明治五年五月二日付で、「司法卿江藤新平欧米各国へ被差遣候事」との太政官辞令が出ていた。

ところが司法卿の仕事が忙しく、渡欧が不可能になり、部下の沼間守一（ぬまもりかず）・川路利良らが渡欧した。このとき江藤が欧州に赴いていたら、その後の江藤の運命も同時に日本史も、いささか変わっていたように思える。

米欧留学時の香月経五郎（親族提供）

前藩主・鍋島直大に同行して、香月経五郎もこの船で英国に渡った。

経五郎が米国から英国への官費留学生に切り替わったことは記録にあるが、理由については何も残っていない。ただし想像はできる。

一つは、鍋島直大からの働きかけである。先述の留学生名簿の中に、百武兼行（ひゃくたけかねゆき）という佐賀藩士の名が見える。経五郎より七歳年長のこの人は、直大と一緒にオックスフォードに留学することが決まっていた。事実オックスフォード大学で経済学を学んでいるが、この人は後年、画家として名を残している。

直大にすれば、百武というサポート役がいたのではあるが、経五郎が一緒に来てくれれば心強いとの気持ちがあったと思う。

二つめは、副島塾での先輩でありかつ弘道館での師匠・久米邦武からの依頼があったのではあるまいか。経五郎が欧州に同行してくれれば、『米欧回覧実記』の作成に助かるとの気持ちである。

三つめは、岩倉具視の意向があったのかもしれない。岩倉はラトガーズのグラマースクールで学んでいる三男の具経を、オックスフォードで学ばせたいと考えていた。事実、具経は経五郎の渡英の翌年の一八七三年（明治六年）、オックスフォード大学に入学している。

長崎の致遠館、ラトガーズ時代の兄弟子にあたる香月経五郎が息子のそばについていてくれたら、との親心があったとしてもおかしくない。

三者の思惑はこのようであったかもしれないが、経五郎は喜んで渡英したと想像する。すでに渡米し二年が経過しており、オックスフォードがハーバードやイエールを凌ぐ歴史ある名門大学との認識はあったろう。むしろ渡りに船、との気持ちで喜んで留学先を変えたと考えるのが自然である。

ただ、一年前後の経五郎の英国留学時代の資料は少ない。

「経五郎の英京倫敦に在るや、一日、馬車を駆りて市街を過ぐ。適ま（たまた）馬奔逸して行人を轢き（ひき）殺す。経五郎駆者（ぎょしゃ）と共に警察官の糺問を受け、駆者はために処罰を蒙りしも、経五郎は幸いにして事なきを得たり」

1875（明治８）年のオックスフォード大学ベイリオルカレッジ
（オックスフォード大学提供）

との逸話もあるが、これとて現在であればタクシー運転手が事故を起こしたのと同じで、客の経五郎に責任がないのはあたりまえの話だ。明治・大正・昭和期に経五郎の伝記を編纂した人は、他に英国でのエピソードがないので、やむなくこのようなことを記事にしたのであろう。

「オックスフォード大学で経済学を学ぶ」という外には、経五郎のイギリスでの足跡は見えない。どこのカレッジかも判明しない。

若殿様・直大の記録には、時には岩倉使節団と一緒に英国や欧州大陸を旅したとあるから、常でないにしても、経五郎が何度かこれに随行した可能性は高い。

熊田忠雄著『お殿様、外交官になる』には、当時の鍋島直大について次のような記述がある。

「直大が、当時世界の最先進国であるイギリスに渡り、オックスフォード大学に学びたい旨を政府に申し出たのは、廃藩置県の前年の明治三年のことで、その年の十二月に許可がおりた。英国の名門大学を選んだのは、佐賀藩と関係の深かった長崎在留の商人グラバーの助言だったかもしれない」

単なる思いつきではなく、この若殿様は早くからオックスフォード留学の準備をしていた。

「ところが運悪く、父・閑叟が病にかかり明治四年一月十八日に死去したので、同年十一月出発の岩倉使節団の一行に随行した」

「ロンドンに入った直大を出迎えたのは、ひと足先に当地で学んでいた佐賀藩出身の若者たちであった。直大は彼らに、これからは旧藩主ではなく同じ一学徒として学ぶ、と伝えたという」

とある。山中一郎たちが出迎えたのであろう。経五郎も当然この場にいたはずだ。

現在のオックスフォード大学
（オックスフォード大学提供）

「直大はロンドンでブルースという医師宅に下宿しながらオックスフォード大学へ通い、経済学をはじめ文学史・文明史を学ぶ。一方でブルースの処で舞踏を習う。またおりをみて、フランス・イタリア・オーストリア・ドイツ・オランダ・ベルギーなど、周辺諸国へひんぱんに足を運び最新事情を視察した」

とある。

ロンドンからオックスフォードまでは、当時は馬車で一日かかった。右の記述から想像すると、直大の場合は学位を取るための留学というより、見聞を広めるための遊学という感じがする。

経五郎も同じとは思わないが、毎日オックスフォード大学の学舎でじっくりと教授の講義を聞いたり、図書館で静かに読書に没頭していたとは想像しにくい。良い意味で、時には直大のお供として、英国だけでなく欧州大陸各地を旅行して見聞を広めていたように思える。

香月経五郎の十三歳下の弟に三郎という人がいる。日露戦争の陸戦の天王山である〝二〇三高地攻略〟の際、決死隊を率いて占領に成功した聯隊長である。この三郎の曾孫にあたる方から、「家伝によると、三郎は陸軍で大山巌元帥に個人的に目をかけてもらっていたらしい」と聞いたことがある。

これには合点がいく。

大山巌は香月経五郎より七歳年長だが、岩倉使節団がアメリカに向けて横浜を出発した翌日、明治四年十一月十三日に、横浜からフランスに向けて出発している。このとき大山は陸軍少将である。

すでにこの頃、パリには軟派の日本人留学生がたむろしていたらしい。西園寺公望はその中の一人であったようだ。

大山は明治五年三月にスイスのジュネーブに居を移し、日本人の一人もいない環境でフランス語を学び、スイスを拠点にしてフランス・ドイツに足を伸ばして見聞を広めている。

「明治六年六月二十九日、岩倉具視と伊藤博文がジュネーブのグランドホテルに到着し、大山巌を呼んで語り合った」と記録に見える。鍋島直大・香月経五郎の名は見えないものの、この時もしくは別の時、直大・経五郎が大山とヨーロッパにおいて面談・会食した可能性は高い。

陸軍少将の大山から見ても、「アームストロング砲の鍋島直大」は頭が上がらない人物である。経五郎にすれば、大山はフルベッキ塾での兄弟子にあたる。三人の会話は弾んだにちがいない。

いま一つ、大山の後妻になる山川捨松もワシントンＤＣで香月経五郎に会っている。

大山巌の人柄からして、「あの香月経五郎の弟か」と、陸軍にいる香月三郎のことを気にかけていた、というのはうなずける話である。

九、経五郎の帰国

岩倉使節団は、往路は全員が同じ船で渡米したが、欧州からの帰りはさみだれ式に各人の都合にあわせて帰国している。

大久保利通は明治六年五月二十六日に、木戸孝允は同年七月二十三日に、岩倉具視・伊藤博文・山口尚芳の三名は同年九月十二日に帰国している。香月経五郎は同年十二月二十九日に横浜に帰着した。

帰国の船で一緒だったのは、日向・飫肥（おび）藩の小倉処平（しょへい）である。経五郎より三歳年長のこの人は「飫肥西郷」といわれた人で、大柄で度量のある人物であった。副島種臣はこの小倉を高く買っていた。

小倉は親類筋にあたる同藩の小村寿太郎を見い出し、明治三年に小村を伴って上京、小村を大学南校に入れ自身は大学南校の少舎長となり、翌四年二月にはアメリカ経由でイギリス・フランスに国費留学している。

小村寿太郎は先述したように、明治八年にハーバード大学に留学した。ちなみに、小村寿太郎の父・寛は、小倉処平の妻・為子の従兄弟にあたる。

小倉は佐賀の乱で敗北した江藤新平や香月経五郎に同情し、高知県への逃走の手助けをしたため、禁錮百日の刑に服役した。服役後上京し、その後、大蔵省七等出仕となる。

西南戦争が起こるや、実兄は西郷軍に加わった。小倉処平は鎮撫のため東京から飫肥にもどるが、最終的には西郷軍に合流し、明治十年八月十八日に自決した。三十一歳。

香月経五郎は佐賀の乱で明治七年に刑死し、小倉処平は西南戦争で明治十年に自死した。その三十年後、経五郎の弟・三郎は決死隊を率いて二〇三高地を占領した。かたや、小倉の見い出した親類の小村寿太郎は、ポーツマスにおいて日露戦争の終戦交渉を成功させた。

死してのち、人に霊魂が残るなら、香月経五郎も小倉処平もこれを喜んだに違いない。

経五郎の米欧留学はあしかけ四年になるが、学位は取得していない。いわば学業なかばにして、経五郎はなぜこの時帰国したのか。

表向きの理由ははっきりしている。ただ、これだけでは筆者は釈然としない。このあたりのことを考えてみたい。

明治六年、日本政府は文科系の国費留学生に対し、原則全員に帰国命令を出した。軍事・医学・理工・造船・鉄道などの技術・理科系の留学生の中にはそのまま居残った人もいる。この時のいきさつは、星亮一著『山川健次郎伝』の中に詳しく書かれている。山川はイエール大学の理学部に学んでいたのだが、開拓使からの留学費用はストップされることになった。

「健次郎の勉強もあと一年半を残すだけとなった。この頃本国では、日本人留学生のふしだらな生活が問題になっていた。各藩が競って留学生を出すに及んで、遊び半分の学生が増えていた。さっぱり勉強しない学生もいる。勉強しようと思っても英語力不足でできないのだ。

結局は日本人同士が集まり、酒をのんで天下国家を論じ、あげくのはて喧嘩口論になった。なかには売春宿に入り浸りの者までいた。健次郎のような真面目で、しかも貧乏な学生にとっては腹立たしかった。

そこで日本政府は品行不良の留学生を日本に戻すことにした。国費の無駄遣いを防ぐためである。明治六年、文部少輔・九鬼隆一が欧州・米国に派遣され、実態調査に乗り出した。しかし、実情の把握は困難をきわめた。

よって、成績に関係なく原則として文科系の留学生はいったん全員を帰国させる、という乱暴な結論が出された」


明治二〜四年に藩費留学生として出国した留学生は、明治四年七月十四日の廃藩置県により、全員が国費留学生に切り替わっていた。

当時の日本のすべての教育予算の約四〇パーセントが、海外に派遣されていた二六〇名の国費留学生に充てられていたというから、文部省の苦悩は理解できる。


開拓使の費用で渡米した山川健次郎は、理科系なのにどういうわけか帰国命令を受けている。山川はこの時、アメリカ人クラスメートの親戚の富豪の好意で、学資を援助してもらい理学部を卒業している。

香月経五郎と大学南校で一緒だった目賀田種太郎は、ハーバード・ロースクールに学んでいたが、明治七年にいったん帰国している。そして翌八年には、鳩山和夫・小村寿太郎などの大学南校の秀才数名を引率して、再度アメリカに渡っている。

東郷平八郎・松本荘一郎・金子堅太郎・團琢磨などはそのまま居残って、明治十年すぎに学位を取って帰国している。東郷は海軍習学、松本は鉄道技師の卵だったので、国費投入は続いたらしい。金子と團については、元福岡藩主がポケットマネーで費用を出し留学を続けている。

山川捨松・永井繁子・津田梅子の三名は、鳴りもの入りの女子留学生として開拓使の費用で渡米していた。剛腕の黒田清隆が「三名の女子留学生は別枠だ」と突っ張ったのであろうか。女子三名は留学を継続し、後日卒業している。当初女子留学生は五名で出発しているが、上田貞子・吉益亮子はアメリカに到着して一年足らずで帰国した。病を得てということだが、二人とも他の三名より年長でアメリカ生活に適応できなかったようである。

このようなわけで明治六年から七年にかけて、学業成績の良い人を含め多くの国費留学生が学業なかばで帰国している。

香月経五郎もその中の一人、といえば理屈は通るのだが、これでは筆者は納得できない。元佐賀藩主・鍋島直大がなぜ香月経五郎と山中一郎に資金援助して留学を続けさせなかったのか、という疑問が残る。

福岡藩からの留学生の金子堅太郎と團琢磨は、同行した元福岡藩主・黒田長知の援助でアメリカに居残っている。明治十一年に金子はハーバード大学、團はマサチューセッツ工科大学を卒業している。黒田長知自身も同年に、あっぱれハーバード大学を卒業している。

留学先をアメリカからイギリスに変えたことを含めて、鍋島直大と香月経五郎の絆は強いはずだ。廃藩置県ののちも、鍋島家は経済的に裕福であった。なぜ直大は香月と山中を援助しなかったのか、という疑問が湧く。

じつは、鍋島直大はそう考え、二人にそのように提案したのかもしれない。

しかしこの時、別の力学が作用したように思える。筆者は次のように考えている。

「香月君は足かけ四年の米欧留学、山中君は三年の欧州留学となる。学者や大学教授になるなら学位が必要だろうが、政治家になるならそれくらいで充分だ。一刻も早く帰国して自分を助けてほしい」

このような内容の手紙を、香月・山中の二人は江藤新平から受け取っていたのではあるまいか。もしそうであれば、江藤の考えは正しい気がする。当時、伊藤博文・井上馨は文久年間の半年ほどのイギリス留学をもって、いっぱしの西洋通として政界で重きをなしつつあった。

後世の安倍晋三・麻生太郎の両宰相も、いわばアメリカへの遊学組であり、学位は取っていない。政治の道に進むなら早いほうが良い。

この頃、江藤新平は初代司法卿として八面六臂の大活躍のまっただ中にあった。明治五年四月二十五日、司法卿に就任した江藤はフルスピードで司法制度の基礎をととのえると同時に、政界の巨悪に向かって猛然と立ち向かった。一つは、大蔵大輔・井上馨がからむ「尾去沢鉱山事件」であり、いま一つは、兵部大輔・山縣有朋を標的にした「山城屋和助事件」である。

「長州閥退治」ともいえるこれら長州の大官の巨悪に立ち向かう江藤の姿に、司法省の部下たちの士気は大いに高まり、この処断に国民は拍手喝采した。

江藤が香月・山中の二人に「早く帰国すべし」との手紙を書いたと思われるのは、このような時期である。

木戸孝允は明治六年七月二十三日、伊藤博文は九月十二日に帰国した。日本に戻った二人が息をのむほどに、この時長州グループの国政における勢力は衰えていた。

よって香月経五郎も山中一郎も、江藤からの手紙に充分納得して、張り切って帰国したように思う。

人生とは時間との勝負である。再度渡英してオックスフォードで学位を取ろうとの気持ちは、経五郎にはまったくなかったと考える。

十、「征韓論」と香月経五郎

「明治六年、経五郎の英国より帰京するや、恰(あたか)も征韓論破裂し、南白（江藤新平）の辞職するに会す。経五郎主として征韓論に賛し、七年一月十三日、南白等と共に東京を発して佐賀に還(かえ)り、佐賀県中属となり、征韓党の為に尽くす所あり」

と、的野半介著『江藤南白』にある。

香月は佐賀県の中属として赴任、江藤は墓参という理由で帰郷している。

私には、米欧で足かけ四年も勉強した経五郎が、この時本当に征韓論に賛成したのであろうか、という疑問が最近まであった。

今回調べてみて、経五郎が征韓論におおむね賛成であったのは事実だと考える。ただし、佐賀の乱（佐賀戦争）に関してはまったく自己の意に反して巻き込まれたものだと考える。
「江藤新平が門下の香月経五郎や山中一郎らを連れて東京から佐賀に帰り、政府に反乱を起こし敗北して処刑された」

これがもっとも単純な佐賀の乱の解説として書かれているが、ことの本質からはまったくかけ離れている。

前後の事実からして、江藤新平が反乱を起こしたとはとうてい考えられない。なぜなら、反乱の準備がまったくなされていないからである。

征韓論や佐賀の乱については、幾多の書籍が出版されているので浅学の筆者がここで解説する立場ではない。香月経五郎の立場に立って、筆者が感じることを述べたい。

その前に、二人の人物の証言を紹介する。

一人は、今まで何度も名前が出た久米邦武である。久米は江藤より五歳若い。
この久米が明治四十四年に『佐賀新聞』で次のように語っている。
「佐賀事変の如きはまったく江藤君の与（あずか）らぬ所で、譬（たと）うれば海嘯（つなみ）にさらわれたようなものである」

江藤をよく知り、東大・早大の歴史の教授であった久米の経歴からして、この証言には重みがある。

いま一人は、司馬遼太郎である。『歳月』の中にある文章を要約する。

〈佐賀士族を扇動暴発させた兇魁(きょうかい)と大久保がいう江藤新平は、大久保が江藤征伐のため横浜を発つころ、すなわち明治七年二月十三日、やっと腰をあげて長崎から佐賀に入っている。大久保が東京で兇賊鎮圧についての諸指令を発していた段階での江藤は、まだ反乱者ではなかった。火事のおこらぬ前に消防車がかけつけるようなものであり、江藤は放火せぬ前から放火犯として捕縛されようとしているようなものであった。江藤はそういう動きをしらない〉

この二人の言葉が、佐賀の乱の本質をついている気がする。江藤新平が知らないのだから、香月経五郎は自分たちが犯罪者にされようとしていることを知るよしもない。

明治六年十二月二十九日に帰国した経五郎は、同七年一月十三日横浜発の船で神戸経由で長崎に向かった。

このとき経五郎は「佐賀県中属」という辞令を持っていた。当初筆者は、この辞令は親分の江藤が背後で画策して用意したものかと考えていた。他の留学生たちのことを調べていて、これは文部省と太政官とが決めた辞令であって、江藤とは何の関係もないものと現在では理解している。すなわち、香月経五郎は横浜を出発する時は、太政官の辞令により佐賀県庁の職員として赴任する形であった。

その人物がなぜ、三ヵ月後の四月十三日に、謀反人の一人として斬首されることになったのか。謀反人という意識は、経五郎の心の中には一ミリもなかったはずだ。久米邦武が語るように、「津波にさらわれた」と解釈する以外にない。しからば、この津波とはいったい何なのか？　どうしてこのようなことになったのか。

ひと言でいえば、「大久保利通の陰謀に江藤新平が乗ってしまった」ことであろう。

「飛んで火に入る夏の虫」という言葉がある。自分から進んで災いの中に飛び込むことのたとえである。

江藤新平の行動にこの言葉を使うのは、江藤を侮辱するように聞こえるかもしれないが、そうではない。江藤は、「三分の俠気」、「弱者に対する思いやりの気持ち」を濃厚すぎるほど持っていたように思う。「弱者」とは廃藩置県によって職を失った士族のことである。

江藤は、多少の津波や地震が起こるかもしれないと予想した上で、あえて東京から佐賀に乗り込んだ気がする。しかしその津波は、江藤が想定したよりはるかに大きいものであった。大久保利通が、「自分に対抗（敵対）できる能力のある参議は江藤新平ただ一人」と考え、江藤に的をしぼって、渾身の力を込めて作った大津波だった。


さて、征韓論にもどる。

明治六年の征韓論をめぐる太政官の大分裂のあと、江藤新平が参議の職を辞したのは事実であるが、江藤がこれにどれほど積極的であったか、筆者は首をかしげている。佐賀藩出身の参議の中では副島種臣が一番前のめりだったように思える。

征韓論をめぐる閣議はだらだらと続いていた。その間、賛成派・反対派の参議は何度も辞表を出したりひっこめたりしている。

岩倉具視が太政大臣代理として最後の閣議を開き、「征韓論不裁可」を決めたのは明治六年十月二十三日である。

三条実美太政大臣のとき一度裁可されたものが、今度は不裁可となったわけだから、天皇の信任を失ったことになる。一種の儀式であるが、形式的に九参議全員が辞表を出した。人事権者の岩倉と背後にいる大久保は、それを政治的に利用して選別処理をした。

九参議の辞表のうち、二十四日付で西郷隆盛、二十五日付で板垣退助・後藤象二郎・江藤新平・副島種臣が受理された。一方、木戸孝允・大木喬任・大隈重信・大久保利通の四名は差し戻された。これは大久保の判断での選別といわれている。

それにしても、このときの九名の参議の内四名が佐賀藩出身者であることに驚いている。もっとも西郷に関しては、参議と近衛都督の辞職は認めるものの、陸軍大将の地位はそのままという措置をとった。軍隊における動揺をできるかぎり抑えるためである。

同時に、岩倉・大久保は政府に重みを加えるために、新たに三名を参議として補充した。伊藤博文（長州）・勝海舟（幕臣）・寺島宗則（薩摩）である。

明治初期の朝鮮との関係について簡潔に記す。

明治新政府ができてすぐから、対朝鮮外交は厄介な問題だった。こまごましたトラブルは明治元年からいくつも起きていた。

そんな中、最初に朝鮮に対しての強硬論を発したのは、外務少輔（局長クラス）の上野景範(かげのり)である。この人は薩摩藩の英学派の出身で、少年の森有礼に英語の手ほどきをしている。明治六年四月、朝鮮の釜山(プサン)で次のような出来事がおこった。

東京から三越の店員が、軍需品の朝鮮産牛皮の買い付けに釜山にやってきた。結果的に三越店員は買い付けができず帰国した。このとき、朝鮮の地方官は三越排撃のために、役所の壁に次のような掲示を貼り出した。

「日本人は平気で洋夷の風俗を真似る（三越店員の洋服姿）不道徳な無法の国である」と。釜山駐在の外務省係官（領事相当）の広津弘信（作家・広津柳浪の父）が、これを本省に報告した。

この時、外務卿の副島種臣は清国に出張中で、少輔・上野景範がこれに過剰反応し、国家の体面にかかわるゆゆしき問題だ、として正院に審議を申請した。

外務省の出した原案は、

「不慮の暴挙に備えて釜山の倭館在住日本人保護のため、陸軍若干と軍艦数隻を急派するとともに、使節を送って公理公道に基づいて談判したい」というものだった。

閣議では、まず参議・板垣退助が外務省の原案に賛成し、「とり急ぎ陸軍一大隊（数百人）を派遣せよ」との強硬論をぶった。

武人で性格的にも直情径行な快男児、板垣のこの発言は理解できる。

これに対して西郷隆盛は、軍隊派遣を先行すれば朝鮮を刺激して交渉を妨げるから、まず使節を派遣せよと持論を述べた。かつ自分が非武装の使節を引き受けたいと申し出た。

これからすると、方法論は別として、当初征韓論に積極的に賛同したのは板垣と西郷の二人であり、江藤の姿は見えない。佐賀藩出身の参議の中では、清国から帰朝した副島が一番積極的だったように見える。


視点を変えて、イギリス人がこれをどう見たかを紹介しておきたい。

イギリス公使ハリー・パークスは、この明治六年の政変直後に岩倉具視と面談し、その翌日には副島種臣を自宅に訪問し、長時間征韓論をめぐる両者の考えを聞き取り調査している。この内容を通訳のアーネスト・サトウが明治六年十月二十八日の日誌に書き残している。

アーネスト・サトウは幕末から明治三十三年まで、途中タイ・南米・モロッコ等での勤務があるものの、通算約二十五年間日本で勤務している。前半は公使ハリー・パークスの通訳官および書記官として、明治二十八年から三十三年までは駐日公使として勤務した。

親日家で漢字も自由にあやつり、佐藤愛之助という日本名も使っている。

八十六歳の高齢で母国で没した。

サトウが本国の英国へ報告した文書や著作は膨大な量で、現在日本で出版されている著作は、そのごく一部にすぎない。

サトウ文書の多くは、現在ロンドンの国立公文書館に保管されている。その大部を二十年かけて翻訳したのが、故萩原延壽（はぎはらのぶとし）氏であり、左記は萩原先生の翻訳による。

なお、左記のサトウの日誌の発言者はサトウではなく、駐日英公使のハリー・パークスである。これが征韓論の本質の正鵠を射ているように思える。同時に、香月経五郎の征韓論に対するスタンスは、この副島の考えに近かったように想像している。

少し長い引用となるが、重要なやりとりと思うゆえ、これを紹介したい。

「岩倉は、この政変の原因は朝鮮問題以外のなにものでもないと明言した。政府内のある派は朝鮮との戦争を望んだのだが、自分はこれに反対したのだ、と岩倉は語った。さらに岩倉はつぎのように述べたが、これには少しおどろいた。岩倉は数年前にわたしが朝鮮問題について与えた助言を、いつも心に留めていたというのである。その助言とは、日本は正当な理由なくして朝鮮と戦争をすべきではない。朝鮮との戦争は日本には何の利益ももたらさない。またロシアがこれを無関心に見過すわけがない、というものである」

パークスは自分の助言を岩倉がおぼえていてくれたのを喜んだ。いまも自分の「助言」を正しいと思っているかと、念を押す。

「これに対して岩倉は、あなたの意見が正しいという確信は時間と共に強まるばかりだと答えた。さらに、樺太問題は解決に向いつつあると付け加えた。つづいて朝鮮問題にもどり、岩倉は、この問題について北京で余計なことが語られ過ぎたと述べた」

これは、全権使節として清国に赴いた副島種臣の発言を非難したものである。

「わたしは、以上の岩倉の発言からして、岩倉は現在日本政府が直面している諸問題について、平和的な解決を主張しているものと考えるが、わたしもまったく賛成だと述べた。

わたしは言葉をつづけ、日本は新政府の基礎を確立しさらに国内の産業資源を開発するために、平和を必要としている。戦争はこの二点の進歩を阻害するものであり、兵力と財力の不必要な消耗を招くだけだと説いた」

「この意見に対し、岩倉は同感であると答えた。さらに、自分はすでに指摘された諸問題について決断を下したから、あなたは何も心配する必要はないと語った」

翌十月二十九日に、パークスは副島種臣をその自宅に訪問して、長時間語り合っている。西郷隆盛はパークスが岩倉に会った十月二十八日に、桐野利秋を同行して品川を発っていたので、会おうにも会えなかった。

副島は下野の直前まで、外務卿としてパークスともっとも接触の多かった政府要人である。パークスを自宅に迎えた副島は、参議兼外務卿の肩書を捨てた気楽さか、あるいは政争に破れた無念さからか、すこぶる饒舌(じょうぜつ)であった。征韓派の副島はどう考えていたのか。

アーネスト・サトウの日誌を続ける。

「副島はためらうことなく、朝鮮遠征が実施されなかったのは非常に残念であると私に語った。自分はこの問題を深く検討して、遠征は成功すると確信していた、と述べた。

副島は語りつづけた。かつての朝鮮侵攻が最後に失敗におわったのは事実であるが、これは〝太閤様〟の誤った戦略のためである。

かれは兵を朝鮮の南部に上陸させ、それを北進しようとした。

自分は逆の経路を主張する。すなわち、遠征軍を二手に分け、それぞれに二万五千の兵を与え、一隊を清国との国境に近い朝鮮の北西部に、別の一隊をロシアとの国境に近い北東部に上陸させる。

つづいて、それぞれの上陸地点に一万の兵を守備隊として残し、残り一万五千の兵からなる二つの部隊は南下する。このようにすれば、朝鮮軍の退路は断たれるし、彼らが外部から援助を受ける方策も失われる」

これと似た作戦を、約八十年後に朝鮮戦争でマッカーサーが採っている。

ここでパークスは地図を開いて自分の意見を述べている。

「副島の言う二つの上陸地点の間の距離は約一〇〇マイルにすぎないが、北から南に高い山脈が走っている。この山脈に妨げられるので、二つの部隊の間の連絡は非常にむづかしくなると思われる。その点を指摘すると、そういう困難はすべて克服できる、と副島は平然としていた」

副島とパークスのやり取りは面白いので、しばらく続ける。

パークス「貴下は五万の兵を朝鮮に派遣するというが、日本の常備軍はそれを下回る。どうして五万の兵を送れるのか」
副島「常備軍の他に軍事訓練を受けた人間が多数いる」（これは職を失った各藩の士族のことであろう）
パークス「そのような大部隊を輸送する船舶はどこにあるのか」
副島「近距離ゆえ、たいした数の船舶を必要としない」
パークス「朝鮮の兵力はどれほどか」
副島「名目上、二十万の軍隊を持っているが、とるに足りない存在である。われわれは百日で成功のうちに戦争をおわらせる」
パークス「日本の朝鮮遠征にたいして、ロシアはどう出ると思うか」
副島「中立的な態度をとると思う。仮にそれ以外の態度をとろうとしても、ロシアは朝鮮との国境に軍隊を駐屯させていない」
パークス「その見方はまちがっている。ロシアは朝鮮との国境に軍隊を駐屯させているだけでなく、拠点をウラジヴォストークに移しつつある。ここは朝鮮に近接している」
副島「だからこそ、我々は即刻行動をおこす必要があったのだ。仮にロシアが朝鮮国境に軍隊を駐屯させているとしても、ロシアの中立を確保することはできる」

パークス「どのような手段によるのか」
副島「樺太をロシアに引き渡せばよい」
パークス「そういう申出をしたのか」
副島「いや、まだである。しかし、この条件をロシアは呑むと確信する」
パークス「貴下は朝鮮と戦争する十分な理由があると考えているのか。いったい日本はこの戦争から、どういう利益を受けるのか」
副島「朝鮮は鉱物資源と生糸にめぐまれている」
パークス「それらは日本にもあるではないか」
副島「その通りである。しかし、朝鮮からの収入によって十万の兵を養うことができれば、それは日本の利益になる」
副島のこの発言を聞いて、パークスは征韓派の真の狙いがどこにあるかを察知した。自己の認識を次のように、英本国のグランヴィル外相に報告している。
「この予期しない副島の発言の中に、征韓派の本当の目的がひそんでいると思われる。現在日本は財政悪化に苦しんでおり、次の二つのことが困難になっている。一つは、目下形成されつつある常備軍の費用を賄うことであり、もう一つは、失業した士族を扶養することである。後者は、不満をいだいた状態で、全国にちらばっている」

パークスはさらに報告を続ける。

「さらに、日本人は、自国の威信の増大を願っており、日本人にへつらう外国人が説くごとく、日本こそ輝やかしい前途を約束されたアジアの帝国であることを証明するために、何事かをなしたいと望んでいる」

パークスは副島を征韓派の首謀者と見ている。

「副島を指導者とする一派は、以上の目的を達成するために朝鮮を併合したいと望んでいた。しかし私の知るかぎり、副島は敵を過小評価しているように思える。フランスとアメリカが近年経験したように、朝鮮人は三世紀前の秀吉の侵攻時にくらべて、ずっと好戦的である。岩倉は副島の計画に反対することにより、自国が惨憺(さんたん)たる失敗を演じるのを救ったのでないかと思われる」

このように副島の政策に対して異をとなえているパークスだが、副島種臣個人に対しては、好意と尊敬の気持ちを持っている。

「寺島宗則が外務卿として入閣した。わたしは寺島をあまり高く買っていない。心情的に自由主義者ではなく、狡猾なところのある人物である」

と寺島の悪口を言い、副島の外務卿への再復帰を期待する文面を、ロンドンに送っている。

筆者は若いころから、西郷隆盛や板垣退助が好きだったが、征韓論に関しては、岩倉具視をはじめとする非征韓派の考えが正しいのでは、と長いあいだ思っていた。

今でもこの問題に関しては、岩倉・大久保・伊藤・大隈などの判断が正しかったと思う。ただ、当時の世界情勢を調べてみて、同時に当時の日本国内の状況を見て、この時の西郷・板垣・副島の気持ちは理解できる。

これより三十数年前、清国政府のアヘン投棄に憤慨して戦争を仕掛け、それに勝利したイギリスは、香港を植民地として獲得した。

同時に多額の賠償金を取り、中国の各地から多くの利益を吸い上げた。アヘン戦争である。また、アメリカとフィリピンの間の米比（べいひ）戦争は、この二十五年後に勃発している。これに勝利したアメリカはフィリピンを植民地にした。もとはフィリピンはスペインの植民地であった。一八九八年、アメリカはスペインを相手に米西戦争を仕掛けた。フィリピン独立の指導者エミリオ・アギナルドに、勝利の暁には独立させると約束して、スペイン軍と戦わせた。スペインの降伏後、アメリカはこれを反故にした。それどころか、独立を主張するアギナルドの独立軍の掃討を始め、一九〇二年までに、アメリカ軍は二〇万人のフィリピン人を殺している。

当時、イギリスやアメリカなどの欧米列強は、口ではきれいごとを言いながら、このようにしてアジア諸国から利益を吸いあげていた。

欧米事情に詳しいはずの、時の外務卿・副島種臣がなぜ無謀とも思える征韓論にそれほど前のめりだったのか、当初は不思議に思った。しかしよく考えてみれば、欧米列強の植民地政策を知りつくしていたゆえの、副島の判断だったのであろう。

そう考えれば、副島がパークスに語ったさきほどの話は、すべてが副島の本心ではなかったかもしれない。パークスに話したことは一〇〇パーセント欧米列強の外交官、すなわち各国の首脳陣に伝わる。欧米列強自身が、日本を含めたアジアでの利権を虎視眈々とねらっている。欧米列強に対し、「日本をなめるなよ」と牽制する意味で、副島は強気な積極論を展開して、日本人の心意気を示したという気がしないでもない。

この二ヵ月後、明治六年十二月二十九日、香月経五郎はスエズ運河を経由して欧州から横浜港に帰朝する。

十一、佐賀の乱をどう呼ぶべきか

中学・高校の頃、筆者はこれを「佐賀の乱」と教えられた。ところが、佐賀の郷土史研究家の書かれた資料の多くに、「佐賀の役」もしくは「佐賀戦争」という文字が見える。どうも佐賀の人々は、「佐賀の乱」と呼ばれるのを嫌がっているように感じる。香月経五郎を慕う多くの人々が、佐賀の役との表現を好むならそれで良いではないかと思い、当初「佐賀の役」としてこの稿を書きはじめた。

筆者は佐賀人ではないが、佐賀の人々が「佐賀の乱」という表現を嫌うのは、次のような理由ではあるまいかと考えた。

一、「佐賀の乱」（明治七年二月）のあと、明治九年に入り立て続けに起きた「神風連の乱」（熊本）、「萩の乱」（山口）、「秋月の乱」（福岡）にくらべ、「佐賀の乱」で決起した人数は一桁も二桁も多い。

「我々のご先祖さまのやったことは、乱と呼ばれているこれらの小規模なものではない。西郷隆盛の西南の役（西南戦争）ほどの規模ではなかったが、それに準ずるものである」との感情があるのではないか。

二、いま一つは「乱」という文字に対する悪印象であろう。この文字から「政府に対する反乱」というイメージを想起するのであるまいか。江藤新平や島義勇たちと共に決起した自分たちの先祖は、天皇に刃向かった乱臣賊子ではない。大久保利通たちの官僚的独裁的政治に対して、民権を主張して立ち上がった義士である、との認識であろう。

この感情は、佐賀人が長いあいだ胸中に抱いてきたもののようである。

昭和五十八年、時の文部大臣であった瀬戸山三男宛に、「歴史教科書の佐賀の乱を佐賀の役又は佐賀戦争と改訂する要請」との題で、要請書が提出されている。提出人の名前は、十三烈士の碑建設委員会会長・宮田虎雄（前佐賀市長）とあり、その趣旨は次の通りである。

昔、西南戦争と言い佐賀戦争と言ったものが、現在は西南の役（西南戦争）・佐賀の乱と呼ばれている。現在佐賀県の小・中・高校で使用されている教科書を調べてみたが、すべてが佐賀の乱と表記されている。正しい用語としては不適当と思える。文科省に対して、教科書には佐賀の役、もしくは佐賀戦争などの表現に改訂指導されるよう強く要請する。

このような内容で、その理由を五つ述べている。

一、我々は佐賀戦争を明治維新後の官権と民権との対立と見ており、民権主張の道が塞がれたので彼等はやむなく決起した。

二、江藤新平・島義勇以下の罪名は消滅し贈位もされ、すでに全員の名誉は回復された。

三、太平洋戦争後、主権在民となり価値観が変わった。

四、佐賀の偉大な先人、先達の名誉のためにも、かたや西南戦争、かたや佐賀の乱では納得できない。

五、佐賀の乱では、自分たちの先祖が国家に対して悪いことをしたような印象があり、佐賀の若い子弟子女の教育に悪影響を与える。

右の主張の背景には、「乱」という文字のニュアンスに「反乱」、「乱暴狼藉」など悪い印象を抱きかねないという懸念があったように思える。

これに対する文部省の返答がどのようなものであったかは知らない。ただ、私自身このことがとても気になっていた。

令和四年四月、佐賀を訪問したとき、郷土史研究家の江頭俊雄氏にお目にかかる機会を得た。

江頭氏にこのことを尋ねてみたが、氏の返答は意外なほどこだわりのない、淡々としたものであった。

「文部省からの回答の文書は持っておりませんが、これについては一応の結着がつきました。〝佐賀の乱〟もしくは〝佐賀戦争〟ということで、我々は納得しました。

当時の佐賀城本丸歴史館の浦川和也企画学芸課長が、佐賀の乱をどう呼ぶべきかということで、平成三十年十一月十一日の佐賀新聞の『ろんだん佐賀』に執筆されました。

佐賀の乱をどう呼ぶべきか

「乱」か「役」か「戦争」か

平成 30 年 11 月 11 日の
佐賀新聞の記事
（© 佐賀新聞社）

この内容を是として、現在佐賀では〝佐賀の乱〟もしくは〝佐賀戦争〟という言葉が使用されています。先年、明治一五〇年のパネル展の香月経五郎のコーナーで、我々は〝佐賀の役〟と書いて展示しましたが、佐賀市から〝佐賀の乱（佐賀戦争）〟に訂正させられました」

このように話され、新聞記事のコピーを頂戴した。文部省の回答を、浦川和也氏が佐賀県人にわかりやすく解説したもののようである。もしかしたら、文部省からの正式な回答はなく、文部省の意を汲んで書かれたものかもしれない。この浦川氏の説明には得心がいく。次のような趣旨である。

○事件当時、大久保利通は日記の中で「佐賀ノ事」、「佐賀県士族暴動」と記している。大正三年刊の的野半介著『江藤南白』では「佐賀事変」、「佐賀戦争」とされている。

○佐賀では「佐賀の乱」とすると「反乱」というイメージが強く、江藤や島のそれまでの功績や、この出来事における大久保らの策謀からしても納得できず、「佐賀の役」あるいは「佐賀戦争」と呼ぶべきだとする意見もある。

○歴史的な出来事の名前は、名付ける側の立場や出来事の評価によっても変わるものだが、今回はそれぞれの言葉の意味から考えて、私たちが何と呼ぶべきかを考えたい。

○まず「乱」について、広辞苑には「①みだれること。秩序のなくなること。②世のみだれること。戦争。騒動」とある。
「壬申の乱」、「応仁の乱」のように「○○の乱」というときの「乱」は、世の中が乱れるという意味で使用されている。「乱」という言葉自体には「反乱」という意味はまったくない。

○次に「役（えき）」について広辞苑には、「①人民に労働を課すこと。その労働。②労力を使うこと。③（人民を徴発するという意味で）戦争」とある。
すなわち「役」は「人民を徴発する」側が使う言葉であり、一般的には政府側・鎮圧する側からの呼び方である。「軍役」という言葉や、「前九年の役」、「文永・弘安の役」、「文禄・慶長の役」などはその典型的な使用例である。従って「佐賀の役」と呼んだ場合は、明治政府側からの呼び方になる。

○「戦争」について広辞苑は、「①たたかい。いくさ。②武力による国家間の戦」とある。つまり、佐賀の乱の場合「佐賀戦争」と言い換えても、国語的には問題ない。
このような言葉の意味から考えてみると、「佐賀の乱」あるいは「佐賀戦争」が適切であると考える。

この浦川和也氏の説明に納得した私は、この稿の表記を「佐賀の役」から「佐賀の乱」に変更した。

それにしても、江頭俊雄氏のいさぎよい態度には感服した。江藤新平自身がそうであったように、佐賀人の中には自己の考えを強く主張し続ける人がいるとも聞く。江頭氏がもう少し「佐賀の役説」を強く主張されるのではないかと想像していた私にとって、その対応は意外であった。浦川氏の説明に納得されたからか、あるいは口頭で似たような返答をした文部省に対して敬意を払われたのか、よくわからない。

先述した通り、初代の文部大輔（文部卿欠員のため最高責任者）として、短期間で文部省の基礎を作ったのが江藤新平である。その後、初代の文部卿に就任するのが大木喬任であるから、佐賀県人にとって、文部省という役所の発言には特別の重みがあるのかもしれない。

十二、経五郎、江藤と共に佐賀に向かう

江藤新平の佐賀帰郷の名目は墓参であったが、主は地元に自由民権運動の組織を準備する気持ちがあった。このあと板垣退助も土佐に帰り、自由民権団体として有名になる「立志社」の設立準備に着手している。

明治六年十月二十三日の政変で下野した五人の参議のその後のうごきは、次のようであった。

○西郷隆盛は桐野利秋を伴ない、十月二十八日に品川から鹿児島に帰郷した。
　西郷以外の副島・江藤・板垣・後藤の四人は、互いに連絡を取り合っていた。副島・後藤より江藤・板垣の屋敷への人の出入りが多かった。

○副島種臣は自宅にいて読書と詩文づくりに時をつぶしていた。

○江藤新平は自宅にいて書生や佐賀からの上京者たちに囲まれ、佐賀の現状を憂えていた。明治六年の夏は干ばつで、秋には台風が重なり米の収穫量は例年の半分になった。

一月に一石二円五十六銭だった米価は、九月には四円二十五銭にはねあがった。福岡県下では農民一揆が多発している。

さらに、この年の秋から翌七年にかけて、佐賀県下では天然痘と思われる伝染病が広がっていた。

佐賀に帰っていた江藤門下の中島鼎蔵(ていぞう)と山田平蔵が十一月下旬に上京し、「佐賀は爆発寸前である」と江藤に報告している。

この中島は香月経五郎と同じ嘉永二年生まれで、藩校弘道館での同窓である。山田は五歳年長で弘道館の先輩だ。両名とも佐賀の乱で処刑され、「十三烈士」の中にその名をとどめている。

○後藤象二郎は以前に坂本龍馬から聞いた貿易会社の設立に関心があった。事実、翌七年に後藤は商社を設立している。しかしうまくいかず、短期間でこれを岩崎弥太郎に買ってもらっている。

○このような中で、今後の自分の進路に光明を見い出し、やる気満々だったのは板垣退助である。

ここで香月経五郎の動きに目を転じたい。

「経五郎主として征韓論に賛し、七年一月十三日、南白等と共に東京を発して佐賀に還り」とある。

帰国後の二週間、経五郎は大学南校の時と同じく江藤の家に寄宿したか、そうでなくても江藤とはひんぱんに会っていたと思える。副島とも当然接触はあったと考える。

大木・大隈など反征韓派との接触についてはわからない。ただ二人とも佐賀の実家のすぐそばの先輩である。人情として、帰国の挨拶ぐらいはしたのではあるまいか。

足かけ四年、米欧を広く見聞した経五郎が、征韓論に賛同したとは、当初考えづらかった。しかし、的野半介著『江藤南白』の中の「香月経五郎伝」の中に、「征韓論に賛し」と書かれている。欧米を知りつくしているがゆえに、先述した副島種臣の考えに賛同したのであろう。

それは、弟・三郎に与えた漢詩、「王師（おうし）西のかた鶏林（けいりん）（朝鮮）に入るの日、まさに阿兄瞑目（あけいめいもく）せる時と識（し）るべし」からも、経五郎が征韓論に傾いている様子が感じられる。

失業した旧士族を助けたいとの、副島や江藤の考えに賛同したように思える。


再度、四人の前参議の動きにもどる。


板垣退助は、自宅に出入りしていた岩倉使節団に同行した由利公正（後発組）や、土佐藩出身で坂本龍馬の子分であったオーストリア帰りの岡本健三郎にすすめられた、「民撰議院設立運動」にのめりこんでいた。

越前出身の由利公正は坂本龍馬との縁で、この時期土佐閥の中に身を置いていた。

これがのちの自由民権運動につながる。

板垣はこれを下野した前参議たちに熱心に説き、「愛国公党」という名の日本史上最初の政党を立ちあげる。「民撰議院設立建白書」なるものが書きあげられ、太政官の立法府である「左院」に提出された。

立党式は明治七年一月十二日、場所は佐賀の人たちの奮起をうながすため副島種臣の屋敷とした。この時これに署名したものは、江藤新平・副島種臣・板垣退助・後藤象二郎の前四参議のほか、由利公正・岡本健三郎・小室信夫（しのぶ）・古沢滋の計八名である。


この建白書の草案を書いたのは古沢滋で、朱を入れたのが副島種臣である。

土佐藩出身で香月経五郎より二歳年長の古沢は、国費留学生として明治四年から六年十二月にかけてイギリスに留学している。

板垣退助・後藤象二郎の推薦で留学が実現したというから、香月経五郎に江藤新平・副島種臣の二人の後ろ盾がいたのと似ている。

小室信夫もイギリス帰りである。よって、この「建白書」に書かれている内容は、共和制であるフランス的なものではなく、立憲君主制のイギリスを参考にした自由民権の考え方となっている。

香月経五郎と古沢・小室のイギリス滞在時期はオーバーラップしている。当時の留学生は少人数だったのでイギリスでの三人の交流はあったと考えるが、その事実は確認できなかった。

「明治七年の正月二日に、越前堀（現在の中央区新川）の副島種臣邸に板垣退助・江藤新平が集って新年会がひらかれた」

と記録にある。

一月十二日には「民撰議院設立建白書」と「愛国公党の綱領（こうりょう）」ができあがっている。よって、この新年会は正月だから集って酒を飲もうというだけの宴会ではなく、建白書や綱領についての打ち合わせ会だったと考える。

四人の前参議だけでなく、前年の十二月にイギリスから帰国した古沢滋・小室信夫、そして岡本健三郎・由利公正などの土佐グループの実務家がこの新年会に参加したと考えるのが自然である。

そう考えれば、佐賀グループの副島と江藤が、十二月二十九日に横浜に帰着したばかりの香月経五郎と、香月より先に帰国していた山中一郎をこの席に呼んだと考えるのが常識的だ。

香月経五郎が帰国後すぐにやるべきことは、一つが太政官と文部省への帰国報告であり、いま一つは江藤新平宅・副島種臣宅を訪問しての帰国のあいさつであったはずだ。

年末年始で役所は休みだったと思う。

よって経五郎は帰国してすぐに、江藤邸と副島邸を訪問したと考える。江藤邸で当初の何日か泊まってやっかいになっていた可能性が高い。そう考えれば、この一月二日の副島邸での新年会に香月経五郎が参加したと考えるのは、無理な想像ではない。

「愛国公党」の立党式は、先述したように明治七年一月十二日に副島種臣の屋敷でとりおこなわれた。

ところが、江藤新平が香月経五郎や山中一郎たちと一緒に横浜から長崎に向かったのは、その翌日の一月十三日である。

この帰郷は、江藤は急に決断したようだ。本来なら当然、前参議が乗るべきは「上等船室」であるが、満室だったので「下等船室」に乗っている。じつは、当初は副島種臣も江藤新平と一緒に佐賀に帰る予定であった。

後年、板垣退助はこの愛国公党設立式の夜の副島・江藤とのやりとりを証言している。

その一部は『自由党史』（板垣退助監修・岩波文庫）の中にもある。

この晩の光景・やりとりは次のようなものであった。

愛国公党設立の署名を終え、あとは雑談などをして一同が副島邸をひきあげたのは、夜十時ごろだった。

私（板垣）の家が近かったからか、副島・江藤の両氏は私を引き止めたので、それに任せて副島邸に残った。

二人は憂いを帯びた真剣な顔付きで隠語を使って語りつづけている。（板垣は隠語と表現しているが、これは佐賀弁であった）

自分が遠慮しているのを察したのか、二人は「板垣さんであれば差しつかえない」といって、「佐賀が不穏な状況にあるので、自分たち二人はあす東京を発ち、鎮撫のために佐賀に帰る決心である」と板垣にもわかる共通語で言った。

板垣はまゆをひそめて、「両君のためを考えると私は賛成しない」と答えた。

「両君は鎮西(ちんぜい)の重望、衆の仰(あお)いで宗(そう)と為す所、今日両君帰県せば、県下人士の勇気は百倍し、忽(たちま)ち騎虎(きこ)の勢(いきおい)制すべからざるに至らん」と『自由党史』は板垣の発言を文語調で記録している。

板垣は、さらに二人に忠告する。

「二人は東京に身を置き、必要に応じて国もとへ書簡を送ったり、人を派遣したりして鎮撫していくのが良い。そうすれば国もとの同志たちは、二人の前参議が東京で足止めされているので、もし暴発すれば二人が殺されるかもしれないと考え、自重するものだ」

これに対して江藤は言った。

「板垣さんの申されることには道理がある。我々のことを思ってくれる衷情(ちゅうじょう)に対しては、我々は自ら省りみなければならない」

これで二人は思いとどまってくれると板垣は思った。しかしすぐに江藤は言葉を続けた。

「だから副島さん、こうしよう。貴殿は東京にとどまってください。私一人で帰県する。これは今までのいきがかり上、やむをえないことなのです」

江藤の最後の言葉には意味がある。

前年の十一月下旬に、江藤門下の中島鼎蔵と山田平蔵が佐賀から上京し、「佐賀は爆発寸前です。江藤先生どうしても一度帰郷してください」と江藤の家に飛び込んできたとき、「承知した」と答えていたのである。


それでも板垣はなお不安であった。

板垣は再度、佐賀での鎮撫のむずかしさを江藤に説いた。

どうしても江藤の決心が変わらないことを知り、「くれぐれも自重してもらいたい」と言って、江藤と別れた。

江藤と板垣は一緒に副島の屋敷を出た。

夜の十二時を過ぎていた。

この板垣退助の証言により、この時の江藤新平・副島種臣の心の内はかなり正確に理解できる。

後藤象二郎は江藤が出発する日の朝、江藤の自宅までやってきて、これを止めている。

大木喬任も、これを聞くとすぐに部下を走らせて佐賀行きを止めさせようとした。しかし、僅かの差で使者は江藤に会えていない。

長州人の中では珍しく江藤に理解のあった木戸孝允であるが、病床にあって、「江藤はなぜわからぬのか。佐賀に帰ることは大久保の罠にはまるのと同じではないか」と言い、これを残念がった。


江藤新平は、「佐賀に帰って暴発を鎮撫する」と言っている。帰郷をとり止めた副島種臣も同じ考えであった。

しかし、これは、あきらかに状況判断に誤りがある。江藤新平は頭脳明晰な人物である。その人が、懇切丁寧な板垣退助の忠告になぜ従わなかったのであろうか。

その理由は、江藤新平が佐賀藩出身者であったことによる、と筆者は考える。

佐賀藩は、偉大な指導者・鍋島閑叟が率いていた。佐賀の二重鎖国という言葉のとおり、幕末の動乱期に他藩の志士たちとの交流を許さず、自藩の軍事の近代化と藩士のエリート教育に邁進した。

　そして、慶応三年十二月の王政復古の大号令とともに、一気に日本政治の中央に躍り出た。よって幕末動乱の十年間、佐賀藩士の中に血を流した人はほとんどいない。


　これに比べ、長州・薩摩・土佐は、禁門の変・馬関戦争・長州征伐・薩英戦争・坂本龍馬や中岡慎太郎の暗殺を含め、多くの人材を戦乱の中で失っている。

「人間というものは集団で興奮したときは、おそるべき狂気を発し手がつけられなくなる」ということを、長州・薩摩・土佐の志士たちは肌で知っていた。

　聡明な江藤新平や副島種臣は、頭の中ではこれを理解していたであろう。ただ、肌感覚での実感が乏しかったのではあるまいか。


　このとき、江藤新平は「二兎を追っていた」と筆者には思えてならない。

　一つは「佐賀に帰って暴発を鎮撫する」ということであり、いま一つは「同時に佐賀の士族(壮士)たちのエネルギーを温存させておきたい」との気持ちである。

　後者によって自己の今後の政治力を保つ、すなわちこのことが日本の将来に役に立つ、との気持ちではなかったかと思う。

さて、横浜から長崎に向かう船の中で、香月経五郎はなにを考えていたのであろうか。

的野半介著『江藤南白』の「香月経五郎伝」の中にある、「経五郎主として征韓論に賛し、七年一月十三日、南白等と共に東京を発して佐賀に還り」の部分は先に紹介した。この文章により、筆者は、江藤新平が香月経五郎や山中一郎らに働きかけ、香月や山中はこれに応諾して同行した、と当初考えていた。

ただ、実際の「景色」はこの私の想像とは異なるようである。

香月経五郎の口供書（調書）が残っている。明治七年四月に行われた形だけの裁判の前に、本人が自筆した調書である。

この一部分を口語体で紹介する。

佐賀県士族　香月経五郎　二十五年一月

私は文部省の命で明治三年以降海外留学していましたが、昨六年十二月二十九日横浜へ帰港、同三十日東京へ着きました。

東京滞在中は山中一郎・江藤新平・其他知人と会い話を聞いて、征韓論争のことは大体理解しました。佐賀は荒れているようなので一足先に佐賀に帰ることにして、友人山口建五郎・志波虎次郎・浅田逸次・倉永猪一郎、それに宮崎県の小倉処平たちと十三日に横浜に到着しました。十二日の夜、山中一郎が訪れ、江藤新平が明日密かにやってくるといいましたが、確かに十三日に横浜に見えました。山中は江藤・樺山・海老原・林等と連れ立っていました。十五日神戸上陸。私は小倉・山中・江藤と同宿しました。

（中略）

一月下旬県中属に就任しました。

（後略）

この経五郎の口供書と先の板垣の証言から、いくつかの事実が浮かびあがる。

①香月経五郎の言う友人四名は、いずれも佐賀出身の国費留学生である。経五郎より一年遅れて全員が明治四年に出発している。山口（仏）・志波（英）・浅田（米）・倉永（英）であり、文部省命令により経五郎と前後して帰国していた。小倉については先述した。

当時大量に帰国した留学生たちは、太政官から旅費と何日かの休暇をもらい一度郷里に帰っている。その後、中央官庁や東京の各種の学校に奉職する者は再度上京し、県の役人になるものはそのまま郷里で就職している。

経五郎は後者であったようだ。

②よって一月十三日のこの船便には、経五郎にすれば身内の者は留学生仲間だけが乗ると思っていた。

前日の夜、山中が明日の船便に江藤新平が乗ると教えてくれ、半信半疑でいたら確かに江藤さんが横浜に見えた、と言っている。これからして一月十二日の夜、経五郎は江藤宅以外の場所に泊まっていたと思える。

③先述したように、経五郎は征韓論については、心情的には副島や江藤に似た考えだった。ただ、これに関する朝議はすでに決している。これを押し通すために佐賀に帰るとの考えはまったくなかった。

江藤のいう「暴発を押え鎮撫する」との言葉をすなおに受け取り、当面は「佐賀県中属」の仕事をこなし、将来は副島や江藤の引き立てで中央官庁で働くことになるだろう、との気持ちで帰郷したと筆者には思える。

④経五郎が任ぜられた「佐賀県中属」がどの程度の地位と報酬であったか、少し調べてみた。
今まで何度も名前が出た久米邦武の先例がある。明治三年十月八日、久米は三十一歳のとき廃藩置県前の佐賀藩の「権大属(ごんだいぞく)」に任ぜられている。翌四年七月五日付で「大属」となり、その後四年十一月五日、太政官発令で「権少外史」に任ぜられ、岩倉使節団に随行している。当時「中属」と「権大属」の報酬は同じであり、「明治初年の職官表」には「年給玄米五十石」とある。
(注)広島藩「三十石」ともあり、少なく見て三十石としても、二十四歳の経五郎の年齢からして妥当というか充分な報酬と思われる。
経五郎の任官は廃藩置県後であるから、もしかしたら米ではなく現金の円だったかもしれない。ただ、それによる生活感からしたら米三十石と考えて良いかと思う。

当時の人々の生活の意識では、米一石は大人の男子が一年間に主食として食べる量、あと一石をお金に換えて副食や身の回りの品を買うという感覚だった。すなわち米二石あれば、成年一人が質素に一年間生活できた。

片桐武男著『精町(しらげ)から佐賀の乱を読む』の中に、幕末の佐賀藩士の家の石高が記されている。大隈重信の一二〇石を筆頭に、大木喬任四十五石、副島種臣十五石、江藤新平七石とある。副島の実家の枝吉家は三十石と記録に見える。

片桐氏は同著で、「当時県令不在で森参事がトップであったから、香月経五郎はおそらく森参事に次ぐ地位であったようだ」と、記されている。

「明治初年の職官表・地方官」によると、経五郎の任官時の地位は、今日でいうと課長の手前の課長補佐のような地位であったと筆者は考えている。

⑤「故郷へ錦を飾る」という日本語がある。当時、海外留学から帰朝した若者は、すべてエリートとして将来を嘱望されていた。
特に経五郎の場合は、

「香月経五郎のアメリカでの岩倉使節団への斡旋・手助けを、岩倉大使や鍋島直大が大いに喜び、これを高く評価した」

との評判は、多くの佐賀藩士の口を通して、すでに佐賀に広く伝えられていた。

佐賀の状況がせっぱつまっているとの認識はあったにしても、この「故郷に錦を飾る」という気持ちが二十四歳の経五郎の心の中にあったとしても、しごく当然だと思う。

母親や親族・恩師や旧友との五年振りの再会や、なつかしい故郷の山河との対面を楽しみにしていたであろう。

母親のユウは、経五郎を長崎に送り出したあと弟の三郎を育てた。その三郎は前年に東京の陸軍幼年学校に入校した。

経五郎の帰りをいかほど喜び、またその立身出世をどれほど誇らしく思っていたことであろうか。

今これを書いていて、ふと思った。

「佐賀県中属」という辞令は、政府が一方的に出したものではなく、本人の意向を聞いた上での辞令ではなかったかと。

一年か二年、母親の側で生活して親孝行がしたい。その後中央官庁に勤めることになれば、母親を東京へ連れていきたい、との思いが経五郎にあったのではあるまいか。

ところが、事態は思いもよらぬ方向に進展する。

佐賀の乱の戦闘とその後の裁判・判決のすべては、大久保利通の描いた筋書き通りにすすんだ。江藤新平と香月経五郎のその後の動きを簡潔に記す。

明治七年一月十三日、江藤新平たちの乗る船は横浜を出港、十五日神戸で下船して、江藤新平・香月経五郎・山中一郎・小倉処平は同じ宿屋に泊まった。十六日、山中は江藤の指示で西郷った。

隆盛の考えを探るため、神戸から鹿児島行きの船に乗った。江藤・香月たちは長崎行きの船に乗

平戸の沖で船が座礁したので、江藤・香月たちは漁船をチャーターして二十二日に伊万里に上陸。香月はすぐに佐賀に向かい佐賀県中属に就任した。江藤はすぐ近くの嬉野(うれしの)温泉に宿を取り、香月からの佐賀の状況報告を待つことにした。二十五日、江藤も佐賀に入った。

「二月一日、佐賀の士族が小野組佐賀出張所を襲った」

東京でこの電報を受けた大久保利通は、これを「奇貨」として電光石火の強硬策をとった。この時点で大久保は、後世の言葉でいえば「戒厳令(かいげんれい)を敷いた」といえる。行政・軍事・司法のすべての権限を、大久保が一手に握ったのである。

片桐武男氏の『精町(しらげ)から佐賀の乱を読む』の中に、小野組襲撃事件の真実が語られている。この部分を要約する。

〈小野組が佐賀の士族に二月一日襲撃されたという電報を受けた大久保は、身震いするほどの喜びだったに違いない。その後の大久保の動きは目を見張らせるものがあった。

大阪市立大学名誉教授の毛利敏彦氏が平成十六年六月二十八日の佐賀新聞に、〝佐賀の乱は政

府の陰謀〟と題して意見を発表された。毛利氏は内務省が受理した通達や報告をまとめたものとされる「佐賀動乱諸報告」や太政官修史局の「明治史要」などを精査。出兵の理由の一つとされた佐賀県士族による小野組襲撃と金品強奪は「誤報」で、数日後に小野組の長崎出張所などから「金皆ある」の電報が届いていたことを突き止めた。

そして毛利氏は、「佐賀の乱は政治的苦境にあった大久保が、政敵だった江藤に反乱の汚名を着せることを目的に仕掛けた」と結論づけた〉

この毛利敏彦・片桐武男両氏の見方に、筆者も大枠で賛成である。ただ、大久保が仕掛けたこの罠（わな）に江藤が乗ったことが不思議な気がするし、又残念である。

江藤新平は佐賀に入るや征韓党の頭（かしら）にされるのだが、憂国党の頭になるのは島義勇（しまよしたけ）（副島種臣の従兄弟）である。この島が佐賀に入ったのは、なんと佐賀の乱の戦闘がはじまる二日前（正確にいえば一日半前）の二月十四日の夜である。それまで佐賀にあって、憂国党の事実上の党首だったのは副島義高（そえじまよしたか）（島義勇の実弟でこの人も副島種臣の従兄弟）である。

島義勇が東京で太政大臣・三条実美に呼ばれ、佐賀鎮撫を直接依頼されたのが二月五日で、横浜を出港したのが二月七日である。

これらの時間的事実からして、

「江藤新平と島義勇が佐賀県士族を扇動暴発させて政府に対して反乱をおこした」という大久保利通の主張はまったくの誤りであることがわかる。

大久保利通の動きは次の通りである。

二月九日、大久保に佐賀出張の命が下る。十日、大久保に対し軍事・行政・司法に関するすべての委任状が下付される。十四日、横浜を出港。十九日、大阪鎮台兵と共に博多に上陸した。

二月十一日、島義勇が長崎に到着し、この日江藤は島と長崎で会談した。翌十二日、江藤は佐賀へ島は武雄(たけお)に向かった。島が武雄に向かったのは、武雄鍋島家の第十代当主である鍋島茂昌(しげはる)の協力を得るためであったが拒否されている。

二月十二日夜、江藤は佐賀に戻った。佐賀では鎮台兵が反政府派を鎮定するため攻撃してくるという話で大騒ぎであった。香月経五郎・山中一郎を含む征韓党の幹部は江藤新平と共に議論を重ねたが、なかなか結論は出なかった。

江藤新平が最後に、

「鎮台兵が一つの布告もなしに佐賀に入城するならば許すことはできない。それを許すことは自殺に等しい。その場合は受けて立つ」と発言し、衆議は一決し「戦に決するの議」が書きあげられた。

二月十四日、征韓党は本営を弘道館（佐賀城のお堀りのすぐ北）から、佐賀城から北北西約六キロに位置する川上村の実相院（じっそういん）に移した。島義勇が武雄経由で佐賀に入ったのは、同じ日二月十四日の夜である。

これらの事実から察して、香月経五郎は佐賀に帰った明治七年一月二十二日から右の二月十四日までの約三週間は、佐賀城すぐそば水ヶ江の実家で寝泊まりしていたと考える。緊迫した毎日ではあったが、母ユウの手作りの夕食を食べていたであろうと筆者は想像している。

二月十五日、新県令の岩村高俊が熊本鎮台兵を率いて佐賀城に入城した。「十五日夜、熊本鎮台半大隊、海路ヨリ佐賀県令警備ニテ城へ入リ込ム」と記録にあるから、最初に同行した陸軍兵は二〜三〇〇人程度と思われる。

県令からの布告がなかったため、十六日未明（午前三時四〇分頃）憂国党員が佐賀城にいる政府軍に対し小銃と大砲とで攻撃を開始した。先に火蓋（ひぶた）を切ったのは憂国党である。

その後、江藤・香月たち征韓党も戦闘に加わった。

緒戦（ちょせん）では勝利したものの、そもそもが計画的な挙兵でなかったため、多数の鎮台兵が続々と投入されたあとは、江藤・島軍はあっという間に劣勢に追い込まれた。

二月二十三日、敗北を自覚した江藤新平は中島鼎蔵・山中一郎・香月経五郎・山田平蔵など十五人と共に戦線を離脱し、西郷隆盛に助力を求めるため鹿児島へ向かった。

二十七日、江藤は西郷に会うことができたが、その助力を得ることはできなかった。

その後、日向飫肥（おび）の小倉処平に船を用意してもらい、愛媛県宇和島に上陸した。江藤たちは四国を経由して東京を目指していたようである。三月二十三日、現在の高知市で縛に就き佐賀に送られた。

片桐武男氏によれば、佐賀の乱で戦死した政府軍は一九〇人、その内一六〇人が熊本鎮台の歩兵であった。かたや江藤の征韓党・島の憂国党の戦死者・割腹者は合わせて一七三人だという。
形式だけの佐賀臨時裁判所の判決により、四月十三日に処刑された人々は次の通りである。
征韓党　梟首（きょうしゅ）　江藤新平　斬首（ざんしゅ）　山中一郎　中島鼎蔵　朝倉尚武　西義質　香月経五郎
山田平蔵
憂国党　梟首　島義勇　斬首　副島義高　村山長栄　福地常彰　重松基吉　中川義純
この十三人の氏名は、佐賀市にある「佐賀の役殉国十三烈士の碑」に刻まれている。

筆者は大学生の頃、司馬遼太郎の小説『歳月』を読んだあと、「勇敢な葉隠武士である江藤新平と島義勇の二人は、佐賀の乱で敗北したあとなぜ自決しなかったのだろうか」との素朴な疑問を持った。この疑問はごく最近まで続いていた。

大学生の自分がこのような感想を持ったのは、高校生時代の体験にあったように思う。今考えれば、私の受けた高校時代の教育は戦後にしては少し風変りだったような気がする。

実家のある広島県東部の公立中学校を卒業して、私は岡山県の私立・金光学園高等学校に入学して山の中にある寄宿舎に入った。

大正時代に建てられた古い寄宿舎で、そこには六十九歳の佐藤岩雄先生という強烈な個性を持ったかつ慈悲深い老舎監長がおられた。入寮したその晩、昭和三十九年の四月、我々新入寮生五〇人は寮の大広間の板間に正座させられた。

開口一番、佐藤岩雄先生は「正座のやり方を教える」と言われた。「左足の親指の上に右足の親指を重(かさ)ねて座れ。これが佐賀の葉隠武士の作法である」

次に先生はこう言われた。

「大事は軽く断ずべし。名誉を守るために切腹するか、恥をしのんで生き延びるか。これが大事である。これ以外の世の中の出来事はすべて小事である。この大事を七回呼吸する間に決断するのが真の男児である」

その次に、先生は切腹の作法を教えてくださった。「腹を横一文字に切ったあと、こうやって刀を縦にして、さらに腹の下まで切り下げるのだ」

平凡な普通の公立中学校を卒業したばかりの十五歳の私は、この話を聞いてびっくりしたのでこの晩のことは今でも鮮明に覚えている。

太平洋戦争が終わって二十年近くも経った昭和三十九年の春、十五歳の少年五〇人を前にして、佐藤岩雄先生はなぜこのような話をされたのであろうか。長い間よくわからなかった。今、私自身が当時の先生を超える年齢になった。

「満十五歳といえば昔の元服の年齢だ。常に死の覚悟を持ち、毎日を真剣に生きよ」

佐藤岩雄先生はこう教えたかったのではあるまいか、と現在では考えている。


このような体験があったので、高校時代から私には佐賀の葉隠武士に対しての尊敬の気持が強かった。それゆえに、大学時代に『歳月』を読んだ時、右のような疑問を持ったのではあるまいかと思う。現在ではこの疑問は、私の心の中ではすでに解消している。

今まで述べてきた通り、佐賀の乱の戦闘については、江藤新平も島義勇も罪の意識をまったく持っていなかったと考える。政府側の理不尽な暴挙に対して受けて立っただけ、との認識であったに違いない。

江藤も島も「佐賀の士族を鎮撫する」との気持ちで佐賀に帰郷した。特に島の場合、時の太政大臣・三条実美から直接、佐賀鎮撫を強く要請されて帰郷している。

ところが佐賀に帰郷した翌日、文官である岩村高俊県令が兵隊を率いて佐賀城に乗り込んできたのである。

島義勇にすれば、「梯子(はしご)を外された」と考えるのは当然のことだ。喧嘩を売られた葉隠武士としては、受けて立たざるをえなかったと考える。

すなわち、江藤新平にも島義勇にも佐賀の乱に関しての罪の意識がまったくなかった。このことが二人の葉隠武士が自決しなかった理由であると今私は考えている。

この事実こそが、毛利敏彦氏の言われる「佐賀の乱とは、大久保が政敵だった江藤に反乱の汚名を着せることを目的に仕掛けたもの」の証明になるのではあるまいか。

斬に処された時の二つの証言をここで記しておく。

一つは、『五代友厚秘史』(五代友厚七十五周年追悼記念刊行会・編)の中にある話である。

五代は薩摩藩士で大久保より五歳若い。大久保と仲が良かったが、人物としては公正で正義感の強い人との定評がある。後日、大久保から聞いた話のようだ。

「江藤新平以下を斬首した直後に、東京の右大臣・岩倉具視閣下から助命の密使がきた。その密書には、伊藤博文も山縣有朋も今後自分たちが江藤を押えるから斬ることだけは止めてくれとありました。ところがその密使が佐賀県庁を訪ねてきたときは、各人を斬首に処した一時間後でした」

本当かどうか、私にはわからない。ありうる話か、とは思う。もしそうであっても、処刑の一時間後にこれを見たという大久保の言葉は信用できない。

いま一つは、処刑をおこなった四月十三日の夜に書いた大久保の日記である。その一節に次のようにある。

「朝倉・香月・山中等は賊中の男子と見えたり。（中略）数人の壮士を斬る中に香月の如き可憐のものも有之（これあり）。皇国のためとは申しながら、すこぶる慨（がい）する（嘆く）に堪へたり」

これは真情かもしれない。

岩倉具視も大久保利通も、鍋島直大を通じて香月経五郎とは他の留学生とは異なる次元で、深い接触があったと思える。

もし岩倉具視の密使なる者が本当にいたのなら、岩倉は江藤よりも香月を助けたいと考えたのではあるまいか。

香月経五郎の欧州から帰国する船便が三つか四つ遅れ、佐賀の乱が終わったあとで帰朝していたら、その後の人生はどうなっていたかと夢想する。

香月経五郎という若者は、同輩や後輩から慕われ、先輩からは信頼された。女性にも人気があったと伝えられている。

今までの弘道館・致遠館・大学南校、そしてアメリカ・イギリス留学の逸話を含めて、筆者はその人物像を、「才気煥発で人柄が良く、多くの人から好かれた紅顔の貴公子」と想像していた。ところが、これにとどまらない人物であったようだ。

黒龍会出版の『西南記傳・香月経五郎傳』の中に、経五郎の人物を描いた興味深い一文がある。

「経五郎、天資俊敏、最も弁舌に長じ、頗る臨機の才に富む。其の人と交わるや、毫も城壁を設けず。故に、一旦彼に接する者は、直に親善し、縦令、其の言、往往虚に亘るあるも、人猶之を信ずる程なりしと云ふ」


最後の二行が重要である。

「経五郎はときに大言壮語した。たとえ虚言を言っても人々はこれを信じた」というのである。

学者や大学教授ではない。あきらかに政治家の雛の片鱗が見える。孔子の弟子でいえば顔回や子路ではない。もしかしたら師匠をしのぐのでは、といわれた子貢の人物像と重なる。右の筆者の持つイメージに、「やり手で辣腕の政治家の雛」という一文を加える必要がある。


佐賀の乱で江藤新平が亡くなったあとに、経五郎が帰朝していたら、どのような行動を取ったであろうか。

まずは、副島種臣のもとに身を寄せた、と考える。副島は明治六年の政変で下野し中央政界とは距離を置いてはいたが、明治天皇への進講や二年間にわたる清国への漫遊を含め、一定の存在感は保持していた。明治天皇と岩倉具視の理解があったからである。

「副島こそ太政大臣たる人物」と尊敬していた板垣との関係も良好であった。よって経五郎は、板垣とも好誼を結ぶ関係になったと思う。そう考えれば、経五郎が野にあって自由民権運動に身を投じ、指導者になった可能性もある。

問題は大隈重信・大木喬任との関係である。明治六年の政変で、副島・江藤はこの二人と袂を分かつことになった。経五郎の考えは副島・江藤に近い。

同時に、他の多くの佐賀人と同じく、〝大隈と大木は明治六年・七年の佐賀の人々が置かれた窮地を見て見ぬふりをした。このことに同情して立ちあがった江藤を見殺しにした薄情者〟との感情を抱いたかと思う。

一方、大隈・大木の側から見ればどうであったろうか。十七歳年上の大木にすれば、自分が十八歳のとき経五郎はとなりの家の可愛い赤ちゃんだった。大隈にしても二十歳の頃は、九歳の少年だった経五郎の家で、その両親からもてなしを受けている。

その赤ちゃん・少年が、致遠館・大学南校に進み、米欧に留学して帰朝したのである。

しかも二十五歳のこの青年は、前佐賀藩主・鍋島直大に可愛がられ、かつ実質的な宰相である岩倉具視に目をかけられている。

大隈と大木の二人が、経五郎の無事の帰国を喜び、この青年を引き立ててやろうと考えるのは自然ではあるまいか。

亡くなった江藤に対する義理で、経五郎がかたくなに二人の引き立てを拒めば話は別であろうが、私には香月経五郎という人はそれほど狭量な人とは思えない。

いま一つ、大胆な想像を許していただけるなら、私には伊藤博文が香月経五郎を引き立てた可能性があるように思える。

岩倉使節団の副使として渡米・渡欧した伊藤と、経五郎とはかなり接触があった。

伊藤が経五郎の人柄を認め、才能を買っていたとしても不思議ではない。

この伊藤博文という人は評価が分かれる人ではあるが、度量の広い一級の人物であったのは間違いない。

伊藤博文のブレーンで、「四天王」と呼ばれた井上毅・伊東巳代治・金子堅太郎・末松謙澄(けんちょう)は、いずれも長州出身者ではない。

藩閥などにはこだわることなく、有能な青年を見つけ出し、日本の為に思う存分仕事をさせ、結果としてこれら門下生を立身出世させたのは、維新の元勲の中ではこの伊藤博文の右に出る者はいない。

こう考えれば、香月経五郎の帰国後の若き官僚・政治家としての立ち位置は、佐賀閥・副島派に身を置き、大隈派・大木派との関係も良好ということになる。それに加えて、土佐閥・板垣派、長州閥・伊藤派との関係も良かったと考える。

「一族のあいだでは、経五郎が生きていたら大蔵大臣になっていたのではあるまいか、と語り継がれてきたそうです」と親族の方から聞いた。充分ありうる話だと思う。

経五郎が長崎のフルベッキ塾時代に可愛がった八歳年下の伊東巳代治は、伊藤博文の四天王の一人として、内閣書記官長・農商大臣・枢密顧問官、従一位勲一等伯爵と、位人臣をきわめている。

二人の少年時代の友情が続き、この伊東巳代治の協力を得ていたら、あるいは一度か二度、香月経五郎は宰相の印綬を帯びたかもしれない。

十三、弟・香月三郎

弟・三郎のことを知ったのは大学三年の頃だから、兄の経五郎を知る一年ほど前の気がする。『坂の上の雲』を読み、二〇三高地での激戦のことを知った。要約すると次の通りである。

〈この日（白襷(しろだすき)隊が全滅した四日後）、明治三十七年十一月三十日——

二〇三高地の西南角にあるロシア軍堡塁(ほるい)（小型の要塞）に、香月三郎中佐の率いる後備歩兵第十五聯隊（群馬県・高崎）が反覆突撃し、ついに白兵戦をもってロシア兵をたたき出した。

ところが、占領したこの堡塁にロシア軍の銃砲火が集中して顔も出せない。

右翼から攻めるのが村上正路(まさみち)大佐率いる歩兵第二十八聯隊（北海道・旭川）で、左翼から攻める香月聯隊と対(つい)になって進んだ。両隊とも銃砲火を浴びつづけ一時間ばかりすくんでいた。香月隊では、堡塁を出ようとして顔を出した一士官がその瞬間、顔をもぎとられた。

旅団長・友安治延少将は、村上隊に対して命令を発しようとした。

「陣地を出て前進せよ」と。ところが旅団司令部そのものが、このとき飛来した巨弾のため爆砕された。司令部員のほとんどが即死もしくは負傷した。伝令兵も死んだ。無傷だったのは友安少将と副官の乃木保典少尉だけだった。電話線は切れている。友安は乃木に伝令を命じた。

乃木少尉は弾雨のなかを駆けに駆け、ほとんど奇跡的に村上隊の陣地にとびこんだ。

「前進せよ」との命令をつたえた。

前進するということは全滅するということである。——この状態で前進できるか——とは村上は言わなかった。

「ただちに前進します、と復命せよ」と乃木に答えた。しかし乃木希典大将の次男であるこの少尉は復命できなかった。帰路、前額部を射抜かれて戦死したからである。

それまでの村上聯隊の突撃は血しぶきとともにおこなわれた。配下の一部隊は敵の鉄条網の前後で一人のこらず戦死した。

村上は午後六時、生き残っている残兵百人を率いて前進を開始した。

「村上隊がうごいた」

これを知った香月隊はすぐに前進を開始した。香月隊には残兵四百人がいた。日本軍五百人は、千人のロシア軍を相手に三十分の白兵戦をもって、ついに午後九時、山頂に達した。山頂に残るロシア残存兵との白兵戦がさらに続いた。古来、東西を問わず、これほどすさまじい戦いはなかったであろう。

そしてついに、二〇三高地を占領した。ときに明治三十七年十一月三十日、午後十時〉

この時点での村上隊の残存兵は約四十人、香月隊は約百人と記録にある。

なお事実として付け加えると、香月聯隊が出撃する前日の十一月二十九日には、副島種臣の娘婿の枝吉歌麿少佐が、第一聯隊長代理としてこの二〇三高地で戦死している。

「子供の頃祖母から、香月聯隊で二〇三高地から生還した将兵の数は十六人だった、と聞いた記憶があります」と、康伸氏はおっしゃる。

右の数字と合わないし、一個聯隊が出撃して十六人が生還というのは、太平洋戦争時に「玉砕した」といわれる聯隊の戦死率と同じかそれ以上である。

太平洋戦争時の歩兵聯隊の総員は約三千人、日露戦争時は約二千六百人と認識している。あま

日露戦争終結時の満洲で撮影されたと思われる写真
右から二人目が香月か（親族提供）

りにも少ない生還者数であり、私は戸惑いつつ首をかしげた。

しかし、香月三郎の長男・清の妻の証言である。なんだか気にかかる。

よって筆者は、二〇三高地攻略の詳細と、このとき香月聯隊長と村上聯隊長が何人の将兵を引き連れて出撃していたかを、改めて調べてみた。

その結果、十一月三十日の午後十時をもって二〇三高地での戦いは終了したのではないことを知った。

この日の深夜から未明にかけて、ロシア軍は再度巻き返しをはかり、二〇三高地の東南山頂にふたたびロシア国旗をひるがえした。

香月隊の残存兵は山頂の西南角で抵抗を続けていたが、乃木第三軍本部からの兵員・弾薬・食糧の補給はまったくなかった。

満洲軍総司令官の大山巌から第三軍の指揮権を一時的に預かり、旅順に急行した児玉源太郎が、岩はだにしがみついてその場所を確保しようとしている香月隊を、となりの山から双眼鏡で遠望したのはこの時である。

「寒風にさらされてその場を死守しようとしている勇士に援軍も送らず傍観している。貴様たちはそれでも帝国陸軍の参謀か！」

児玉源太郎大将は乃木第三軍の参謀たちを大声でどなりつけた。

十二月二日か三日のことである。

第三軍の援軍が二〇三高地に再攻撃を開始したのは十二月四日の早朝で、二〇三高地を再度完全に占領したのは明治三十七年十二月五日の夜十時である。

香月聯隊の四日前に出撃した白襷隊の兵卒は、「一人あたり弾薬三〇発、二日分の食糧・水を背負い、草鞋（わらじ）ばき」で出撃している。香月隊も同じ装備と思われる。

十一月三十日と十二月一日の二日分の食糧と水しか持参していない。十二月二日から五日までの食糧・水・弾薬の補給はどのように調達したのか。戦死した友軍兵士やロシア兵の持つ食糧・水・弾薬で、生存し戦闘を続けていたのであろう。

筆者は、令和四年の十月三日から、三泊で札幌に出張する機会を得た。空いた時間で旭川を訪問し、村上大佐の歩兵第二十八聯隊が所属していた旧第七師団跡にある「北鎮（ほくちん）記念館」を見学した。

ここで興味深い事実を発見した。

「十二月四日に、第七師団の中で二〇三高地攻撃部隊が再編された」と書かれてある。先述した「援軍部隊」である。

さらに、「歩兵第十五旅団長・斉藤太郎少将の指揮のもとで、第二十五聯隊八百二十三名、第二十七聯隊七百名、第二十八聯隊九百名が出撃した」とある。

村上大佐の第二十八聯隊の兵力はまだ残っていたのだ。

白襷決死隊選抜のときは、「第一師団・第七師団・第九師団・第十一師団の各聯隊の中から志願をつのった。ほぼ全員が志願したので、各大隊・中隊の中から強兵を選抜して決死隊を編成した」とある。

よって筆者は、次のように考える。

「香月聯隊も村上聯隊も、聯隊の中から特に優れた強兵三分の一を選抜し、八百人か九百人の将兵を率いて、十一月三十日に出撃したに違いない」と。

たとえば香月聯隊長が、九百人の将兵を率いて出撃して十六人が生還したのなら、戦死率は九八・二パーセントとなる。第一次白襷決死隊の千人出撃四十九人生還の九五・一パーセントよりも高い。

昭和十八年五月二十九日、アッツ島で玉砕した山崎保代大佐が指揮した歩兵第百三十聯隊の場合、生還者の数は二十七人、二十八人、二十九人と記録はまちまちである。出撃総数は約二六〇〇人といわれている。香月聯隊約九百人の戦死率はこれとほぼ同じと考える。

このように考察すれば、康仲氏の祖母の証言は正しいような気がする。

香月・村上両聯隊長が、それぞれ約九百人の将兵を率いて出撃する直前の状況は、記録には残っていない。

ただ、このような光景であったに違いない、と思える情報はある。両聯隊の四日前に出撃して、ほぼ全滅した白襷決死隊の生き残りの兵士の手記が残っている。

東京の歩兵第一聯隊の上等兵であった橋爪米太郎氏は、昭和十一年六月号の文藝春秋社の「話」という雑誌で、次のように証言している。要約する。

〈中隊では〝この決死隊は生還は期し難いから、時計その他の貴重品は国元へ送るから中隊に預けておけ〟と言われた。

我々一千名が第一次の突撃部隊であったが、二次・三次を含めた三千名は、明治三十七年十一月二十六日午後五時に、水師営東方凹地（くぼち）に集合した。ただちに門出の祝いが始まったが、五人に一合の酒と五人に一枚の鯣（するめ）がこの祝宴の御馳走のすべてであった。

これが済むと、京都東本願寺のお坊さんが、こんこんと一場の訓戒（くんかい）を垂（た）れた。生きながら引導を渡されたわけで、一言一句も聞き漏らすまいと傾聴した。

一同極端な軽装だった。戦時には普通一人あたり一二〇発の弾薬を持つのだが、この時は各自三〇発だった。銃剣突撃をもって敵を倒せと言われた。二日分の糧食を背負い一同草鞋（わらじ）ばきであった。

中村覚少将の告示があり、そのあと乃木希典閣下が決別の辞を述べられた。乃木大将は参謀の書いた訓示を読まれたあと、その草稿を幕僚に渡し、長いあいだじっと将卒の顔を厳粛な表情で見渡された。

そして口を開かれた。

〝この一戦は国を挙げての戦（いくさ）じゃ……乃木希典謹んで諸君にお願いする……総員かならず死んでくれッ〟

この短い言葉で、我々には将軍の苦しい胸中が手に取るように感じられた。

〝よし、かならず死んでみせる。この将軍のためにかならず任務を全うしてみせる〟
我々は泪(なみだ)を流して天に誓った。
出撃命令が下った。運動開始午後六時半〉

香月三郎中佐が率いる後備歩兵第十五聯隊の出撃時の光景も、これと同じであったと考える。
香月三郎の奮戦は右のとおりである。

もしこの時、二〇三高地の攻略に失敗していたら、我々日本人のその後の生活ぶりは、現在とは大きく異なっていたように思う。

二〇三高地が占領できなかったら、ロシアの旅順艦隊は港内に生き残った。それがバルチック艦隊と合流していたら、東郷元帥の日本海海戦はあれほどの大勝利ができなかった可能性がある。日本海海戦は十対ゼロに近いパーフェクトな勝利であった。もし七対三ぐらいの日本海軍の勝利で、かなりの数のロシア艦隊がウラジオストクに逃げ込んでいたら、日本海軍は対馬海峡での完全なる制海権は取れなかった。そうであれば、満州の日本陸軍は補給が断たれて孤立する。日露戦争は日本の敗北で終わっていた可能性がある。

もしそうであったなら、日本人は高校・大学での第一外国語にロシア語を強制され、東欧諸国のようにロシアの支配下で生活することになったであろう。

あるいは今頃、我々日本人はロシアからの独立戦争を戦っていたかもしれない。

おそらくこの時、香月三郎中佐は、兄の経五郎が斬に処される直前、自分宛に書いた漢詩を肌身につけていたと思う。

次のような詩である。

寄懐弟香月三郎在浪花

浪花に在りし弟香月三郎に懐ひを寄す

汝是男児異女児
聞吾就死又何悲
王師西入鶏林日
應識阿兄瞑目時

汝是れ男児にして女児と異なる
吾れ死に就くを聞くも又何ぞ悲しまんや
王師（皇軍）西のかた鶏林（朝鮮）に（攻め）入るの日（こそ）
まさに阿兄瞑目せる時と識るべし

二〇三高地陥落のあとの陸軍の最後の大決戦は、奉天会戦である。日本陸軍二四万、ロシア陸軍三六万が戦った。明治三十八年二月二十一日から三月十日のことである。

三月七日の戦闘で、名古屋の歩兵第三十三聯隊長の吉岡友愛中佐が戦死し、香月三郎中佐が後任に補された。すなわち乃木希典大将の第三軍・第一師団から、奥保鞏大将の率いる第二軍への人事異動である。上位部隊は名古屋の第三師団である。

太平洋戦争の戦史を何冊か読んでいる私は、普通は聯隊長は大佐だと思っていた。中佐で聯隊長というのは、兄経五郎の刑死が影響して陸軍での昇進が遅れていたのでは、と一時考えていた。調べてみて、この考えはまったく誤りだとわかった。

この時の第三師団配下の各聯隊長の名簿が手元にあり、次のように記されている。

歩兵第六聯隊長　　　中佐　高島友武
歩兵第三十三聯隊長　中佐　香月三郎
歩兵第十八聯隊長　　中佐　渡　敬行
歩兵第三十四聯隊長　中佐　川上才次郎
騎兵第三聯隊長　　　少佐　中山民三郎
野砲兵第三聯隊長　　中佐　有田　恕

他の師団の中には大佐の聯隊長の名も若干見えるが、日露戦争時の聯隊長の多くは中佐であったようだ。ちなみに、香月中佐と共に二〇三高地を攻略した村上正路大佐は、香月より年齢が十歳上である。

香月三郎が第三十三聯隊長に補されたのは三月十六日付で、奉天での大きな戦闘は終わっていた。ただ、これで戦争の決着がついたわけではない。ロシア側は、戦力を残したままの一時的な撤退との姿勢をくずしていなかった。日露戦争全体の結着がつくのは、五月末の日本海海戦での大勝利のあとである。

日露戦争から凱旋した三郎は、そのまま名古屋の歩兵第三十三聯隊長として勤務し、まもなく大佐に昇進する。

ひ孫にあたる康伸氏からいただいた三郎の写真の軍服の襟章に「33」と見え、肩章に星三つが見えるから、これは名古屋で大佐に昇進したときの記念写真と思える。

目がらんらんと輝き精悍な顔付である。

本人の意志と思われるが、定年の何年か前に軍を退いている。大正五年二月十八日、当時の流行病で名古屋で亡くなった。五十四歳。この年の十二月に、夏目漱石が四十九歳で東京で没している。

香月三郎　日露戦争後
名古屋にて大佐昇進時
（親族提供）

「晩年は戦死した部下たちの遺族の慰問をして回っていた、と祖母から聞いた」と、康伸氏からお聞きした。

『佐賀藩海軍史』（秀島成忠著・原書房・大正六年刊）の中に香月三郎の名が見える。

明治期は同郷意識の強い時代であった。各藩とも上京して軍の学校や一般大学に進学する、郷里の青少年を援助する「同郷会」があり、旧佐賀藩

名古屋時代の香月三郎（2列目中央）
（親族提供）

にもあった。

「明治十九年三月より二十年三月までの義捐金者氏名名簿」の中に、佐野常民・副島種臣・大木喬任・山口尚芳・久米邦武らとともに香月三郎の名前が見える。どうしたわけか、大隈重信の名前は見えない。

当時三郎は陸軍中尉か大尉の頃で、給与も多くはなかったはずだ。郷里の若者のためにという気持ちと同時に、経五郎亡きあと香月家の当主としての意識の中に、家門の名誉を保つという気持ちがあったように思える。

香月三郎の妻・仲子は奈良の喜多家の出で、東京女子師範学校（のちのお茶の水女子大学）の第二期卒業生だという。「寡婦としての軍人恩給が月百円以上あり、息子の日本綿花の月給より多か

名古屋時代と思われる香月三郎（前から２列目中央）
（親族提供）

った」との話が、親族のあいだに伝わっている。大正時代の話かと思うが、歴史の証言として興味深い。

三郎には二男二女があった。

長男・清は軍人になるのをいやがり、母方関係の日本綿花（現在の双日の前身の一社）に入り、ボンベイ・大連・上海に駐在し、昭和十八年に上海にて五十一歳で病没した。

次男・桂次郎は、佐賀県士族・中橋家に養子に入り久子と結婚した。久子の父は陸軍少将であった。中橋桂次郎は陸士三十二期で、二期下に秩父宮殿下がいた。終戦時は陸軍大佐・東京第二陸軍造兵廠、荒尾製造所長であった。この製造所は熊本県北西の荒尾にあり、学徒を含む約三千人の男女が火薬・爆薬を製造していた。二・二六事件の

香月三郎一家の写真
（親族提供）

中橋基明中尉（陸士四十一期）は妻・久子の弟だから桂次郎の義弟になる。

長女・千代子は海軍中佐・前田鍵太郎（海軍機関学校十三期）と結婚した。

次女・愛子は矢守貞吉と結婚した。

この矢守貞吉の著書に、『橇隊の弔合戦・西比利亜実戦記』というシベリア出兵の戦記があり、大正十年に出版されている。

この人は陸軍の軍人であったが、大正十一年ごろ退役し薬局を経営した。

香月三郎は陸軍士官学校旧三期の卒業である。この期の入学は明治十年五月、卒業は十二年十二月、卒業生九十六名とある。

同期には陸軍元帥・上原勇作、陸軍大将・秋山好古、陸軍大将・柴五郎の名前が見える。各人の

生年月日は、上原一八五六年十二月六日、秋山一八五九年二月九日、柴一八六〇年六月二十一日、香月一八六二年八月八日である。

香月三郎は上原勇作より六歳も若く、群を抜いた若さで陸軍士官学校に入校している。

当時、幼年学校も士官学校も入校時の年齢の範囲は一応定められていたが、かなり柔軟に対応されていたらしい。年齢を一つ越えていたが入れてもらった、年齢に達してないが優秀なので入校を許された、などの事例が他にもいくつも見られる。


香月三郎の陸軍幼年学校入校は、明治六年三月と思われる。陸士同期の柴五郎の幼年学校入学がこの年と記録にあるからだ。

そうであれば、三郎の入校時の年齢は十一歳七ヵ月となる。

この年の入校年齢の制限規定は見えないが、大正十一年の陸軍規定には、「満十三歳以上、満十五歳未満」とある。三郎は規定より二、三歳若くして入校したように思う。

本人の学力が高かったのが一の理由であろうが、明治初期に佐賀藩出身者が政府や陸軍の要所に多数いたことも、有利にはたらいたかと思う。

「佐賀のあのオックスフォード大学に留学している切れ者、香月経五郎の弟だ。年齢に達してないがともかく受けさせてみろよ」との声が、入学願書を受けつけた陸軍幼年学校の事務局内部であったのかもしれない。良い成績だったので入校を許したのであろう。

このような例は、明治初年においてあちこちで見える。ちなみに、三郎とおない年の森林太郎（鷗外・森のほうが六ヵ月早く生まれている）は、この年明治六年に、満十二歳を十四歳と申告して東京医学校（以前の大学東校・のちの東大医学部）の予科に入校している。後日、森は本科を首席で卒業している。

いずれにせよ、陸軍幼年学校入校までは、兄・経五郎の存在は三郎にとってプラスに作用したものと思われる。

ただし、三郎は陸軍大学校に入校していない。陸士同期の上原勇作と秋山好古が少将で、柴五郎が大佐で日露戦争に従軍したのにくらべ、香月三郎が中佐であったのは、陸大を卒業していないことに理由があると考える。

陸士旧三期の卒業名簿を見ると、あいうえお順ではないので、おそらく卒業時の成績順だと思われる。前から二割ぐらいの個所に香月三郎の名前が見える。三人の大将の名前は香月のうしろに記載されている。

これから察して、陸士卒業時の成績は香月のほうが良かったのは間違いないと思う。

陸軍大学校の入校試験は中尉の頃に受けるが、成績優秀・身体壮健・人格高潔に加え、所属する聯隊長の推薦が必要となる。

国事犯の弟ということで、この推薦状がもらえなかったのではあるまいか。聯隊長個人の判断というより、陸軍中央からその種の通達が出ていたような気がする。

前述の『香月經五郎の無念』の中に、

「三郎は国賊の弟ということで、陸軍では苦労したと思う。二〇三高地攻撃の最先端を担わされたのは故なしとしない」

とある。

親族の方の心情としては充分に理解できる。しかし、筆者は次のように考える。

たしかに陸大受験に関してはこのことはいえる。しかしそれ以外では、三郎は陸軍において多くの同情・理解・尊敬を受けたのではあるまいか。

国賊の弟という目で見た学友・教官はいたかもしれない。一方、憂国の士の弟との尊敬の念を抱く人もいたであろう。任官後も同じと思う。むしろ後者のほうが多かったのではあるまいか。

西南の役ののち、軍人のあいだで西郷隆盛の人気がいっこうに衰えていないという事実から、このように推測する。

三郎は陸軍の在籍のあいだ、いやその一生を通じて、兄経五郎を誇りに思い続けていたと思う。

江藤新平の罪名消滅の証明書は、明治四十五年九月十二日に遺族に手渡された。前後して昭憲皇太后から御下賜金が与えられた。

かつ、大正五年四月十一日には、江藤に対して生前と同じ正四位（しょうしい）の位階が追贈された。すなわち、兄・経五郎の賊名も完全にぬぐわれたのである。

経五郎の弟ゆえ三郎は激戦の最先端を担わされた、という見方には賛成できない。

二・二六事件の決起部隊や、東條英機と対立した軍人が激戦地に飛ばされたという例は昭和史の中には見える。

しかし、日露戦争においてはこの種の話は聞かない。まして、乃木希典という人がそのような判断をする人とは思えない。

北海道・旭川の兵を率いる村上聯隊と、群馬県・高崎の兵を率いる香月聯隊が勇敢な強兵であったからこそ、乃木軍司令官はこの二つの聯隊に困難きわまりない二〇三高地攻略の決死隊を命じた。こう考えるのが自然ではあるまいか。

戦術的に見れば、四日前の白襷隊の全滅により、歩兵第二十五聯隊（札幌）・歩兵第十二聯隊

（丸亀）・歩兵第三十五聯隊（金沢）の多くはほぼ壊滅していた。乃木大将にとって頼るべき強兵の部隊は、村上大佐の歩兵第二十八聯隊と、香月中佐の後備歩兵第十五聯隊しかなかったと思われる。

死を前にして経五郎が三郎に与えるため書いた漢詩のなかに、気になる点がある。「浪花（なには）に在（あ）りし弟香月三郎に懐（おも）ひを寄す」の個所である。

佐賀に生まれ育ち、東京の陸軍幼年学校・士官学校に学んだはずの三郎が、どのような理由でこのとき大阪にいたのか不思議に思い、調べてみたがその形跡は見えない。

今、筆者は次のように考えている。

慶応四年（明治元年）六月二十日（陰暦）に、大村益次郎の献策により、新政府は陸海軍の将校を養成する「兵学校」を京都に設立した。

明治二年一月に「兵学所」と改名され、九月に大阪に移転し「大阪兵学寮」となった。そして十二月に最初の三十三名が入寮し、すぐに授業が開始された。

明治四年、大阪兵学寮は陸軍兵学寮と海軍兵学寮に分離され、同年いずれも東京に移動した。

明治五年、陸軍兵学寮幼年学舎が独立して「陸軍幼年学校」が設立された。

ながながと書いているが、要するに筆者は、「経五郎は、弟の三郎は大阪にある陸軍将校養成学校にいると思い込んで、この漢詩を書いた」と考えている。詩の中身は、将校の卵に与えるにふさわしい内容である。

経五郎が三郎の幼年学校合格の吉報を聞いたのは、明治五年の終わりか六年の初めで、英国に滞在中である。明治五、六年頃横浜・サザンプトン間の船便はかなりあり、人と郵便物の往来は意外と多かった。

香月三郎の陸軍幼年学校合格は、栄光につつまれていた。

経五郎がこの吉報を、すぐにオックスフォード大学で一緒に勉強していた佐賀の若殿様・鍋島直大に報告したのは間違いない。

「なに、三郎が最年少で兵学寮に合格したのか。よくやった。じつにめでたい。佐賀藩の誉である。経五郎、どうだ。祝杯をあげようではないか」

この時オックスフォードの高級レストランで、若殿様のおごりで祝いの宴会が開かれたのは間違いあるまい。筆者はそう考えている。

おわりに

香月経五郎と三郎の墓は、香月家のご先祖たちと共に、佐賀市の延命山極楽寺（えんめいざんごくらくじ）にある。室町時代から続く名刹と聞く。

令和四年四月二十三日の午前、香月康伸氏に同行しお参りした。

極楽寺の住職石井了彰（りょうしょう）様と、九十二歳になられるご母堂・石井淳子様のお二人が、親切丁寧に対応してくださり感激した。

ご母堂は、「私はこの寺に嫁に来たのですが、姑とその母親は共に寺で生まれて婿をもらいました」と前置きされて、姑とその母親から聞いた、香月経五郎の話を語ってくださった。

「ご遺体が寺に運び込まれた時、首と胴体が青竹でつないであったそうです。首と胴体が離れているのは可哀想だと、どなたかが首を青竹で支える形にして持ち込まれたと聞きました」

「惜しい人を亡くした、惜しい人を亡くしたと、集まった人みんなが泣いたそうです」

香月経五郎の墓の前に立った。

「嗚呼香月經五郎之墓」と刻んである。

嗚呼（ああ）とは、悲しみなど深く感じたとき残念な気持ちをあらわす感嘆詞であるが、この文字が墓石に刻まれているのを私は見たことがない。

このことを学生時代からの畏友・堀英彌兄に話したら、「先例が湊川神社にある。徳川光圀が建立した楠木正成の墓碑に〝嗚呼忠臣楠子之墓〟と刻まれている」と教えてくれた。

このひと言で、点と点が結びついた気がした。枝吉神陽が結成し、実弟の副島種臣が引き継いだ佐賀の「義祭同盟」である。

楠木正成・正行親子を祭るこの結社には、島義勇・大木喬任・江藤新平・大隈重信・山口尚芳・久米邦武らの佐賀藩の若き志士たちが集った。

佐賀市極楽寺の香月経五郎の墓
（筆者撮影）

香月経五郎もこの一員であった。

この墓がいつ建立されたのかわからない。年月も刻まれてなく、康仲氏もご存じないとおっしゃる。香月三郎がつくったものであろうが、苔むした立派なお墓である。

義祭同盟時代の同志のだれかが、あるいは複数の人が、この二文字を刻むことを三郎に進言したのではあるまいか。

この「嗚呼」の二文字から、この墓をつくった当時の人々の、「香月経五郎は乱臣賊子ではない。楠木正成と同じく忠臣である」との、声なき声が私には大きく聞こえてくる。

以前に康仲氏が東京で、「今でも命日やお彼岸の頃には、歴史好きの若い男女の方々が線香やお花を手向けてくださるそうです。ありがたいことです」とおっしゃっていた。

この日も、美しい百合と菊が供えてあった。

「そういえば、刑場で経五郎と山中一郎が英語で言葉をかわしていたというエピソードが、親族のあいだで語り継がれています。一体何を話していたのでしょうかね」と康仲氏が言われた。

もしかしたら、バイロンの詩ではあるまいかと私は思った。英国の熱血詩人ジョージ・ゴードン・バイロン卿の詩の中に、次のような詩があったと記憶する。ギリシャ独立戦争に身を投じたバイロンは、三十六歳の若さで熱病により同地で没した。一八二四年四月十九日のことである。奇しくも、経五郎の命日一八七四年四月十三日のちょうど五十年前である。日にちも六日しか違わない。経五郎がバイロンの命日を知っていたかどうかはわからない。

次のような詩である。英国留学の経五郎が、独仏留学の山中にこの詩を英語で聞かせたのではなかろうか。そして両者は、口元に笑みを浮かべてうなずき合ったのではあるまいか。

大いなる事業のために
命をば落とせし者は
とこしえに滅ぶことなし
よし血潮獄門に染み
その首は陽にただるとも
手と足は城門の上
壁高くさらさるるとも
その霊はのちの世までも

地の上を歩みゆくなり

人間というものは、肉体がなくなったあとでもその人の霊魂はこの世に残る、と聞いたことがある。

これが本当なら、香月経五郎の霊魂は経五郎の墓を今でも詣でている若い日本人男女の身体を借り、今なお日本国中を、いや世界各地をも歩みつづけているのかもしれない。

（完）

あとがき

本書の執筆にあたって、多くの方々に助けていただいた。

香月康伸様（三郎の曾孫）、母上・香月喜久子様、伯父上・曾野豪夫様には、親族だけが知る貴重な情報を数多く提供していただいた。

佐賀市の延命山極楽寺の住職・石井了彰様と母上の石井淳子様には、寺に伝わる貴重な香月経五郎の話をお聞きした。

同じく佐賀において、郷土史研究家の江頭俊雄様から、郷土の方でなければ知ることのできない興味深い話を聞くことができた。

東京では、歴史作家の飯沼青山先生と歴史研究家の相河英之先生に、数多くのご指導をいただいた。また平木昭博様には、本書の題名について貴重なアドバイスをいただいた。

学生時代からの畏友・堀英彌・内島照康両兄には、文章全体の表現指導をしてもらった。

佐賀の役　殉国十三烈士の碑　右は筆者

また出版にあたっては、長野県諏訪市にある鳥影社・編集部の北澤晋一郎様に親切な指導をいただき、大変お世話になった。

これらの方々に、心から感謝申し上げる。

〔おもな参考文献〕

『香月經五郎の無念』香月孝・曾野豪夫共著　私版本　平成十九年
『西南記傳』黒龍会編　明治四十四年　復刻版　原書房　昭和四十四年
『江藤南白』的野半介著　大正三年　復刻版　原書房　昭和四十三年
『佐賀藩海軍史』秀島成忠著　大正六年　復刻版　原書房　昭和四十七年
『高橋是清自傳』高橋是清著　千倉書房　昭和十一年
『自由党史』板垣退助監修　遠山茂樹・佐藤誠朗校訂　復刻版　岩波文庫　昭和三十二年
『史伝　板垣退助』絲屋寿雄著　清水書院　昭和四十九年
『板垣退助』榛葉英治著　新潮社　昭和六十三年
『五代友厚秘史』五代友厚七十五周年追悼記念刊行会著　昭和三十五年
『近代日本の海外留学史』石附実著　ミネルヴァ書房　昭和四十七年
『江藤新平』杉谷昭著　吉川弘文館　昭和三十七年
『歳月』司馬遼太郎著　講談社　昭和四十四年
『坂の上の雲』司馬遼太郎著　文藝春秋　昭和四十六年

『「明治」という国家』司馬遼太郎　日本放送出版協会　平成元年
『佐賀史談』（佐賀郷土史雑誌）園田日吉著　昭和四十八年十二月号
『現代語訳　特命全権大使米欧回覧実記』久米邦武編著　水澤周訳注　慶應義塾大学出版会　平成二十年
『久米邦武』髙田誠二著　ミネルヴァ書房　平成十九年
『ザビエルの見た日本』ピーター・ミルワード著　松本たま訳　講談社学術文庫　平成十年
『一外交官の見た明治維新』アーネスト・サトウ著　坂田精一訳　岩波文庫　昭和三十五年
『アーネスト・サトウ日記抄』萩原延壽著　朝日新聞出版　平成十九年
『新訂　官職要解』和田英松著　講談社学術文庫　昭和五十八年
『日本史に出てくる官職と位階のことがわかる本』新人物往来社編　平成二十一年
『山川健次郎伝』星亮一著　平凡社　平成十五年
『精町（しらげ）から佐賀の乱を読む』片桐武男著　佐賀新聞　平成十七年
『明治留守政府』笠原英彦著　慶應義塾大学出版会　平成二十二年
『鍋島直正』杉谷昭著　佐賀県立佐賀城本丸歴史館　平成二十二年
『江藤新平』星原大輔著　佐賀県立佐賀城本丸歴史館　平成二十四年
『副島種臣』森田朋子・齋藤洋子共著　佐賀県立佐賀城本丸歴史館　平成二十六年

『枝吉神陽』大園隆二郎著　佐賀県立佐賀城本丸歴史館　平成二十七年
『お殿様、外交官になる』熊田忠雄著　祥伝社　平成二十九年
『一五〇年前のＩＴ革命』松田裕之著　鳥影社　平成三十年
『太郎と弥九郎』飯沼青山著　鳥影社　令和三年
『攘夷の幕末史』町田明広著　講談社学術文庫　令和四年

〈著者紹介〉

田頭信博（たがしら　のぶひろ）
1948年、広島県生まれ。岡山金光学園高等学校を経て、成蹊大学経済学部卒業。三光汽船（株）に18年間勤務、3年間シンガポール首席駐在員。その後、金融専門のヘッドハンターとして32年になる。現在、（株）エシアリンクコンサルティング代表取締役。
著書として『太郎のルーツ—われらは中年開拓団』がある。

香月経五郎と三郎の美学
副島種臣・江藤新平の
憂国の志を継ぐ

2023年3月13日初版第1刷発行
著　者　田頭信博
発行者　百瀬精一
発行所　鳥影社 (choeisha.com)
〒160-0023 東京都新宿区西新宿3-5-12トーカン新宿7F
電話 03-5948-6470, FAX 0120-586-771
〒392-0012 長野県諏訪市四賀229-1（本社・編集室）
電話 0266-53-2903, FAX 0266-58-6771
印刷・製本　モリモト印刷

ISBN978-4-86782-009-4 C0021